ख़्वाब था शायद

ख़्वाब था शायद

समरेन्द्र प्रताप

MANJUL

मंजुल पब्लिशिंग हाउस

MANJUL

मंजुल पब्लिशिंग हाउस

कॉरपोरेट एवं संपादकीय कार्यालय

• द्वितीय तल, उषा प्रीत कॉम्प्लेक्स, 42 मालवीय नगर, भोपाल-462 003

विक्रय एवं विपणन कार्यालय

• सी-16, सेक्टर 3, नोएडा, उत्तर प्रदेश, 201301

वेबसाइट : www.manjulindia.com

वितरण केन्द्र

अहमदाबाद, बेंगलुरू, कोच्चि, कोलकाता, चेन्नई,
हैदराबाद, मुम्बई, नई दिल्ली, पुणे

ख़्वाब था शायद

यह संस्करण 2026 में मंजुल पब्लिशिंग हाउस प्राइवेट लिमिटेड द्वारा प्रकाशित

यह संस्करण 2026 में पहली बार प्रकाशित

ISBN 978-93-7317-679-6

Cover image: adobe stock.com

मुद्रण व जिल्दसाज़ी : मणीपाल टेक्नोलॉजीज़ लिमिटेड, मणीपाल

फ़ेहरिस्त

1. ज़िंदगी है कश्मकश बारहा 13
2. नींद तेरी आख़िरश बिस्मिल हुई क्या 15
3. तवक़्क़ो से बादलों को ताकते हो क्यों 16
4. नये साँचे में ढल रहा हूँ मैं 17
5. सर पे आतताई के क्यों ताज होना चाहिये 18
6. इमरोज़ बारिश क्यों गीली नहीं है 20
7. रूत जवाँ हो और वही बूढ़ा शज़र हो 21
8. इश्क लुटाकर हुआ कंगाल कौन 22
9. जुस्तज़ू कुर्बत की है पास आइये 23
10. उसकी बेवफ़ाई का ग़िला नहीं 24
11. शहर-ए-ग़म ने खुद को दिलशाद किया क्या 25
12. हैरत की बात है ये सराब के लिये 26
13. होती है तकरार मग़र प्यार से 27
14. कभी गुलशन से जब गुज़रते हैं 29
15. जीने के तौर[1] सारे बेतौर[2] हो गये 30
16. जन्नत सी लगे दुनियाँ, ज़ीनत है जीने में 31
17. फ़ैला है कत्लोग़ारत सब खूँ में नहाये 32
18. अपने महल से इतर कोई घर नहीं देखा 33

19. अपनों ने रूसवा किया है, ग़ैर छोड़िये 34

20. [illegible] [illegible] ही पे [illegible] है 35

21. आरिज़ों पे अश्कों के निशान देखकर 36

22. हूँ दर्द-आश्ना तो क्या कीजे 37

23. रोज़ पड़ता है जताना हमको 38

24. है मुमकिन कहीं और वादा किया हो 39

25. राह-ए-वफ़ा के काँटों से बिस्मिल होना 40

26. यूँ तो रस्मोराह में उज़्लत नहीं 42

27. खूँ में शमशीरें भिगोनी चाहिये 43

28. यादों में मंज़र भले दोहरायेंगे 44

29. बेचिराग़ अब भी इस घर के आले हैं 45

30. उसको क्या लेना तेरे हालात से 46

31. ख़ामियाँ तेरी गिनाना चाहता हूँ 48

32. ज़ख्म-ए-दिल हर शख़्स को दिखलायेंगे 50

33. शबे-फुर्क़त उदास बैठा हूँ 52

34. बेख़्याली में ख़्याल-ए-यार भी नहीं 53

35. जो न गुज़रा गुज़र गया होता 55

36. आँधियों की ये बलायें कब तलक 57

37. दबा-सहमा उजाला जा रहा है 60

38. कैसे तिश्नगी पे उसे इख़्तियार था 62

39. चाहिये बेज़ार दिल ये ग़म सजाने को 64

40. उसे जो जीने का शऊर होता 67

41. ये पैकर खुद नहीं ढहे होंगे 69

42. बोझिल मेरी पलकें भी हैं शहरे-खुमार में 71

43. है भटकन को उससे शिकायत बहुत 73
44. मैं हालात-ए-गर्दिश को क्योंकर ना छुपाता 76
45. होके परेशाँ आप हमदर्दी जतायेंगे 78
46. संदली है शाम तल्ख़ी को भुलाना चाहिये 80
47. पुरसुकूँ ये शाम-ए-ग़मगीन क्यों है 82
48. शर्मो-हया से इतनी भी निस्बत नहीं है 84
49. तबीयत क्यों उदास है यारो 86
50. शौक-ए-उल्फ़त न शगल उनको निगाहों का 87
51. हलाक हम हैं, ऐतबार आया 89
52. कोई चाराग़र कोई मरहम नहीं 91
53. था कल तलक जो वही आज है 93
54. अब कहाँ हैं पहले सी तैयारियाँ 95
55. लम्हा-लम्हा ये बीतता क्या है 97
56. बारहा दोहराने से आदत कोई पलती है 99
57. मैं लड़खड़या तो वो खुशगुमान रहे हैं 101
58. मोजज़े देखिये नज़ारों के 104
59. उनकी निगाहों के पैग़ाम से 106
60. कल तलक अमन था, ये कैसी अदावत है 108
61. सहर का आगाज़ ही शब का उतार है 110
62. तू है पहलू में मगर चाहत पुरानी अब कहाँ 113
63. दरिया की वुसअत की बातें एक तरफ 114
64. हासिल आबो-दाना है 115
65. मुब्तला खुद में कभी खुद से ख़फा रहते हैं 117
66. संगदिल फ़िर कोई सितम कर ना 118

67. नुकसान कितना हो चुका आदत पुरानी से 120
68. अदावत का कुछ यूँ मिजाज़ होता 122
69. मेरी आदमीयत का यूँ सिला देते हैं 123
70. चाँद फिर दरिया में गोते खा रहा है 124
71. है ख़ुदकुशी जो चाक-जिगर कर रहे हैं हम 126
72. राहे-उल्फ़त में तन्हाँ छोड़के जाने वाले 127
73. ज़िन्दगी तुम्हारी भी हलकान है क्या 129
74. ख़िजाँ के आने की कोई इत्तिला नहीं 131
75. डूबने को यादों का हम्माम नहीं है 132
76. मै उसकी बेवफ़ाई से हैरान नहीं था 133
77. लड़खड़ाते पीरी की दहलीज़ पे हम क्या गये 135
78. कोशिशें ढकने की हैं ज़ीनत नक़ाब से 136
79. गलती से ज़ुबाँ पे तेरा नाम क्या आया 137
80. इश्क में हमारा ज़र्फ आज़माइये 138
81. थे पैंतरे लबों पे झूठ बेशुमार था 139
82. ज़िन्दगी आबशार जैसी है 140
83. उनकी तल्ख़ी ज़रा सी कम हुई है 141
84. हालातों पे ही क्यों इल्ज़ाम होता 142
85. हकीकत से जो वो मुकरते रहे 144
86. हम पीरी में सोचा किये, सारे रूआब क्या हुये 146
87. हैं रिश्ते तो शिकवे-ग़िले तमाम आयेंगे 147
88. हैं मुख़ातिब ग़ैर के, हैं उसकी बाहों में 148
89. जानें क्यों दुश्वारियाँ अब मेहरबाँ नहीं 150
90. ज़रा बुलंदियों का हम सुरूर देखेंगे 151

91. हसरत-ए-नादाँ पे, क्यों ज़ुल्म ढा रहे हो 152
92. तन्हाँ कहाँ है छोड़ती, तन्हाइयों का क्या करें 153
93. आब-ओ-ताब हरगिज़ न आप ढलने दीजिये 154
94. ज़ीस्त का गुलशन संवारा जायेगा 155
95. मिलती हैं रूसवाइयाँ, शराब के संग में 156
96. फिर से उस गली में अब, आना-जाना हो गया 157
97. आसेब यहीं रहता है मसान से नहीं आता 158
98. ज़ीनत-ओ-जवानी ना होती 159
99. वो सितम ढाता रहा, लाख समझाने के बाद 161
100. लब-ए-साहिल पे तो लाया गया है 163
101. कल रेत को मुट्ठी से, फिसलते हुये देखा 165
102. इस दिल में ख़तम होनी, नफ़रत भी चाहिये 166
103. मुहब्बत उतनी, रूमानी कहाँ है 167
104. देखा क्या-क्या है इक ज़माने तक 169
105. गुल-ए-मुहब्बत खिला नहीं है 170
106. शहर का हर तंज़ हमपर बेअसर है 171
107. हाँ ऊँची उड़ानों का, शौकीन नहीं है 173
108. रब्त की पाई-पाई जा रही है 174
109. साँसें हैं धड़कन है, कोई कमी नहीं 175
110. पाना नामुमकिन, लेकिन अरमाँ है 176
111. चर्चा जहाँ की छोड़िये, मुद्दे पे आइये 178
112. बे-लफ़्ज़ रहे, इश्क जताना नहीं आया 179
113. कोई ज़ेहन में हो तस्वीर, ज़रूरी तो नहीं 180
114. नहीं जाना तरक्क़ी की डगर है 182

115. हर मुश्किल में नासिर हम 183
116. ना भाती इश्क की दुश्वारी 184
117. एक रिश्ते के, असीर थे कभी 186
118. ना कोई सानिहाँ, फिर भी है चोटिल 187
119. है यूँ ही नहीं, नाराज़ कोई 188
120. दूर से भी ना पुकारा कीजिये 190
121. फिर से है शाम सिन्दूरी क्या 191
122. इतना हम भी कमाल रखते हैं 192

ख़्वाब था शायद

1

ज़िंदगी है कश्मकश बारहा[1]
कोई हसरत या हवस बारहा

1. अक्सर

मुफ्लिसों को काश देते रोटियाँ
लोग खाते बस तरस बारहा

चाहिये इक मुस्तकिल[2] सा हल किसे
फ़क़त मुद्दा और बहस बारहा

2. स्थाई

तसव्वुर[3] के रंग में रंगता नहीं
ज़ीस्त[4] का ये कैनवस बारहा

3. कल्पना
4. ज़िन्दगी

हिस्से में मज़लूम[5] के ही आयेंगे
बेड़ियाँ और कुछ कफ़स बारहा

5. सताया हुआ

रोशनी पे लाख पर्दे डालिये
चीरती है ये तमस[6] बारहा

6. अंधेरा

उल्फ़तों की इतनी सी जागीर है
चन्द लम्हे कुछ नफ़स[7] बारहा

7. साँस

हसरतें ना इस कदर सुलगाइये
जाते है अरमाँ झुलस बारहा

मुख़्तसर[8] होता है ये दौर-ए-फिराक[9]
इक बरस दो बरस बारहा

8. छोटा सा
9. विरह का दौर

2

नींद तेरी आख़िरश[1] बिस्मिल[2] हुई क्या
ख़्वाब में आवारगी शामिल हुई क्या

ये गली आगे कहीं जाती नहीं है
रहगुज़र ही अब मेरी मंज़िल हुई क्या

मेरे अर्श-ए-सोज़[3] पर लाखों हैं तारे
ग़म से तेरी शाम भी झिलमिल हुई क्या

ज़ीस्त को तक़दीर से शिकवे ग़िले हैं
ज़िन्दगी आसान थी मुश्किल हुई क्या

दिन-ब-दिन दिलकश ही होती जा रही है
ज़ीस्त तेरे आरिज़ो[4] का तिल हुई क्या

फिक्र थी हर क़तरे की दरियाओं को कल
अब तबीयत उनकी कुछ ग़ाफिल[5] हुई क्या

दहलीज़ का ग़ुरूर थी ताज़िन्दगी जो
वो शमा अब रौनक-ए-महफ़िल हुई क्या

है तबस्सुम लब पे, खंज़र आस्तीं में
अब रफ़ाक़त[6] शहर में दाख़िल हुई क्या

1. आख़िरकार
2. घायल
3. दर्द का आसमान
4. गाल
5. बेफ़िक्र
6. भाईचारा

3

तवक्क़ो[1] से बादलों को ताकते हो क्यों
खुश्क से सहरा में धूल फ़ाँकते हो क्यों

रूह नहीं सिर्फ जिस्म पर लिबास है
चादर-ए-अज़्मत[2] से जुर्म ढाँकते हो क्यों

क्यो नज़र पे हावी है दुनियाँ का नज़रिया
कद को सिर्फ दौलतों से आँकते हो क्यों

चाहता है ग़र वो राज़, राज़ ही रहे
बेसबब उसके सहन[3] में झाँकते हो क्यों

इनसे अपनी ज़ीस्त में खुशहालियाँ माँगो
टूटते तारे फलक पे टाँकते[4] हो क्यों

1. आशा
2. महानता की चादर
3. आँगन
4. टाँका लगाकर जोड़ना

4

नये साँचे में ढल रहा हूँ मैं
बाद मुद्दत बदल रहा हूँ मैं

मशवरे लेता नहीं अब उनसे
ख़ैरख़्वाहों[1] को ख़ल रहा हूँ मैं — 1. शुभचिंतक

रहा है बेसबब[2] नूर-ए-तबस्सुम[3] — 2. बेवज़ह
आज खिलता कँवल रहा हूँ मैं — 3. मुस्कान का उजाला

करो तदबीर[4] कुछ गिराने की — 4. उपाय
रक़ीबों[5] फिर संभल रहा हूँ मैं — 5. दुश्मनों

रूबरू चाँद न ही माहज़बी[6] — 6. चाँद से चेहरे वाली
तिफ़्ल[7] सा क्यों मचल रहा हूँ मैं — 7. बच्चा

उन्हें रास आ गई नई सोहबत[8] — 8. संगत
कभी उनका शगल[9] रहा हूँ मैं — 9. शौक

हटाकर ग़फ़लतों की सब कबायें[10] — 10. वस्त्र
बरहना[11] होके चल रहा हूँ मैं — 11. नग्न

मर्सिया[12] टूटे रब्त का नहीं अब — 12. मृत्युगीत
न ही फ़ुर्क़त में जल रहा हूँ मैं

5

सर पे आतताई के क्यों ताज होना चाहिये
आवाम को क्यों बेड़ियों पर नाज़ होना चाहिये

हुक्मराँ होकर दबाते हो हकीकत का गला
बेज़ुबाँ की तुमको तो आवाज़ होना चाहिये

बेचकर ग़ैरत को पढते हो कसीदे झूठ के
इन फ़रेबों पे तुम्हें ऐतराज़ होना चाहिये

कफ़स[1] को मज़बूत करतीं हैं तुम्हारी चुप्पियाँ — 1. पिंजरा
तेरे चश्मे-तर[2] को अब अल्फ़ाज होना चाहिये — 2. भीगी आँखे

जो उगाये रोटियों को खेत में सबके लिये
क्यों निवालों का उसे मोहताज़ होना चाहिये

अहद[3] गया लूटा किये जब महाजन ख़ल्क़[4] को — 3. दौर
अब असल के संग हासिल ब्याज़ होना चाहिये — 4. दुनियाँ

माना तुमने मुद्दतों तक ख़ौफ़ को सज़दा किया
आज मौका है मुख़ालिफ[5] आज होना चाहिये — 5. विद्रोही

जब इरादे आँधियों के शक़ के दायरे में हों
मज़लूम(6) सी चिड़िया नहीं तब बाज़ होना चाहिये

6. सताया हुआ

हार को ही जब मुकद्दर मान ले ज़ेहन तेरा
खुद से बग़ावत का तब आग़ाज होना चाहिये

6

इमरोज़ बारिश क्यों गीली नहीं है
समंदर की वुसअत[1] भी नीली नहीं है — 1. विस्तार

कहाँ ज़ेहनों में वो चिंगारियाँ अब
माचिस ये ख़ाली है तीली नहीं है

कुछ तो तेरी बज़्म भी बेकशिश है
कुछ मेरी तबियत रंगीली नहीं है

बाकी कहाँ है लुत्फ़-ए-मसाफ़त[2] — 2. सफ़र का लुत्फ़
ये रहगुज़र अब कटीली नहीं है

नहीं सर झुकेगा गुरूरों के आगे
शाख़-ए-अना[3] अब लचीली नहीं है — 3. स्वाभिमान की डाली

जितनी शफ़क[4] से सहर[5] खुशनुमाँ थी — 4. सुबह की लालिमा
ये शाम उतनी सजीली नहीं है — 5. सुबह

रिंदों को अब भी मय की है हाज़त[6] — 6. ज़रूरत
निगाहे-जाँ क्या अब नशीली नहीं है

7

रूत जवाँ हो और वही बूढ़ा शज़र[1] हो
हो नया मौसम पुराना हमसफर हो

उँगलियों के लम्स[2] से हों सिरहनें और
तरबतर करती ये बारिश रात भर हो

ख़ामशी इतनी नफ़स[3] को सुन सकें हम
चश्मदीद-ए-वस्ल[4] केवल ये पहर हो

सबा[5] की आवारगी देखा करें हम
चाँद हो मदहोश शब भी बेख़बर हो

स्याह जुल्फ़ों जैसीं हों गहरी ये रातें
आरिजों[6] के रंग की कोई सहर[7] हो

आशिकों को दार[8] पर टाँगा न जाये
उल्फ़तों का निगहबाँ[9] सारा शहर हो

1. पेड़
2. छुअन
3. साँस
4. मिलन का गवाह
5. हवा
6. गाल, 7. सुबह
8. सूली
9. रक्षक

8

इश्क लुटाकर हुआ कंगाल कौन
आप है खुशरंग तो बेहाल कौन

जज़्बा-ए-सरफ़रोशी[1] है अपनी जगह
जायेगा मक़्तल[2] में फ़िलहाल कौन

1. सर कटाने का जज़्बा
2. कत्लगाह

बिन लड़े रक़ीब तेग डाल दे
बुलंद कर पायेगा यूँ इक़बाल[3] कौन

3. प्रताप

लोगों की सुनें या अख़बार की
चारसू[4] है सोज़[5] तो खुशहाल कौन

4. चारो ओर
5. कष्ट

कैसे करते हैं फ़िज़ूलखर्चियाँ
किसका ख़ज़ाना है, टकसाल[6] कौन

6. नोट छापने का कारखाना

बाज़ार में नीलाम कर दी ग़ैरतें
ख़रीदता है ऐसे रोटी-दाल कौन

है ग़िला चले गये ख़ुदग़र्ज़[7] सब
अब करेगा हमको इस्तेमाल कौन

7. मतलबी लोग

9

जुस्तज़ू कुर्बत की है पास आइये
इस सिमटती शाम में खो जाइये

मन का भरम हैं फ़क़त ये बेड़ियाँ
ज़ेहनी कफ़स[1] से बाहर आइये — 1. पिंजरा

कोशिशें सर[2] हो सभी मुमकिन नहीं — 2. सफल
हर ख़ता को तज़ुर्बा बनाइये

गर मिलें वो रहगुज़र में यकबयक
ऐसे इत्तिफ़ाकों पे इतराइये

गिरेगा यूँ भी मकाँ तय है मियाद
रेत से साहिल पे घर बनाइये

किरदार को लेके शक-शुबहा[3] न हो — 3. भ्रम
इतनी साफ़गोई से पेश आइये

दाँव अदावत[4] के सब ख़ाली गये — 4. दुश्मनी
अब रफ़ाक़त[5] से हमें भरमाइये — 5. भाईचारा

जाम से इनकार सर-ए-मैकदे[6] — 6. मैकदे में
ये ज़हानत[7] हमको ना दिखलाइये — 7. समझदारी

(10)

उसकी बेवफ़ाई का गिला नहीं
जो भी चाहा बारहा मिला नहीं

तू गया तो आई ये फसले-खिजाँ[1]
गुलिस्ताँ-ए-दिल में गुल खिला नहीं

बाज़ आ अब तू फरेबे-इश्क से
खेल के यूँ दिल से खिलखिला नहीं

फ़ासले से देख मेरी तिश्नगी[2]
पास आके बूँद भी पिला नहीं

लाख़ मशक्कत की जुगनुओं ने पर
नूर इन अँधेरों में घुला नहीं

रेत की घड़ी सी है ये ज़िन्दगी
थमता एक पल को सिलसिला नहीं

सहरा सर[3] करने का है अब भी जुनूँ
क्या हुआ जो संग काफ़िला नहीं

चाँद, तारे, कहकशाँ[4] हैं मुंतज़िर[5]
शब के मुसाफ़िर को तू सुला नहीं

आयेगा तूफ़ान लगता दश्त में
देर से पत्ता कोई हिला नहीं

1. पतझड़ का मौसम
2. प्यास
3. जीतना
4. आकाशगंगा
5. प्रतीक्षारत

11

शहर-ए-ग़म ने ख़ुद को दिलशाद[1] किया क्या
कोई तौर ग़म भुलाने का ईज़ाद किया क्या

उल्फ़त, शराब, साकी, बंज़ारामिजाज़ी
ये करके हमने ख़ुद को बरबाद किया क्या

है मुल्क में खुशहाली, है जश्न-ए-आज़ादी
तुमने भी परिन्दे को आज़ाद किया क्या

थकन रेगज़ार[2] मे फिर ढूढती है छाँव
सफ़र का पिछला पड़ाव याद किया क्या

अदब से लेते हैं दरिया तुम्हारा नाम
डूबते को तिनके से इमदाद[3] किया क्या

शहर में चलाते हो दश्त का कानून
शहर में यूँ दश्त को आबाद किया क्या

1. प्रसन्नचित्त
2. रेगिस्तान
3. मदद

12

हैरत की बात है ये सराब[1] के लिये — 1. मारीचिका
अब रहरवे[2] तड़पते नहीं आब[3] के लिये — 2. यात्री, 3. पानी

बेवज़ा की ख़्वाहिशें और बदहवास लोग
दौड़ हो गोया[4] कोई ख़िताब के लिये — 4. जैसे

दश्त को पहले किया हमने ज़मींदोज़
अब ढूढते हैं पंक्षी मेहराब[5] के लिये — 5. गुम्बद

आसान नहीं अर्श के तारों को तोड़ना
पर होगी ये कवायद[6] जनाब के लिये — 6. कठिन परिश्रम

नज़र का टीका है ज्यों चाँद का धब्बा
त्यों काँटें ही बेहतर हैं गुलाब के लिये

याँ दिखता नहीं कोई अपने दयार[7] का — 7. शहर
क्या इतनी दूर आ गये शराब के लिये

कल तेरे सवालातों की कद्र नहीं की
अब काश कि सवाल हों जवाब के लिये

हर मौज़ ज़िन्दगी की बहा के ले गई
जैसे की हम बने थे सैलाब[8] के लिये — 8. बाढ़

किन आहटों से जाने ये नींद खुल गई
शब भर तो मुँतज़िर[9] थे इक ख़्वाब के लिये — 9. प्रतीक्षारत

13

होती है तकरार[1] मग़र प्यार से
है छूटना किसको गिरफ़्त-ए-यार से

अनसुनी करता है मेरी हर सदा[2]
ये ग़िला तो है मुझे ग़मख़्वार[3] से

रूह से ही जब किनारा कर लिया
लेना क्या अब जिस्म के असरार[4] से

है ज़ुबाँ पे जाने क्यों कहता नहीं
डरता हूँ शायद तेरे इनकार से

आप है राह-ए-यकीं[5] पर ख़ैर हो
हमको तो धोख़े मिले ऐतबार से

भीगने से बारहा[6] बचती नहीं
नींद तेरे ख़्वाबों की बौछार से

लुत्फ़ नहीं हमको निस्फ़[7] चाँद में
ज़ुल्फों को हटाइये रूख़सार से

चाहतें थीं आबशार-ए-इश्क[8] की
उसने रंजो-ग़म दिये कोहसार[9] से

है पता हाकिम की जुबाँ बोलेगा
अब कोई शिकवा नहीं अख़बार से

1. झगड़ा
2. पुकार
3. शुभचिन्तक
4. रहस्य
5. यकीन के रास्ते पर
6. अक्सर
7. आधा
8. इश्क का झरना
9. पहाड़

करके ख़ादिम[10] और कनीज़ें[11] दरकिनार,	10. नौकर
मिलता हूँ कबीले के सरदार से	11. दासी
एक की कीमत पे दूजे का वज़ूद	12. शत्रुता
तल्ख़ियाँ[12] हैं सिपर[13] की तलवार से	13. ढाल
आब-ए-दरिया[14] मीठा या नमकीन है	14. समंदर का पानी
पूछिये कश्ती से या पतवार से	
भूखा है फ़कीर भी सनद[15] रहे	15. याद रहे
ग़र मिले ज़्यादा कभी दरकार[16] से	16. ज़रूरत
उँगलियों का लम्स[17] और मेरा ज़बीं[18]	17. छुअन
आके मिलिये इश्क के बीमार से	18. माथा

14

कभी गुलशन से जब गुज़रते हैं
आप मंज़र में रंग भरते हैं

हमने देखे हैं आईने बेखुद[1]
आप शिद्दत से जब संवरते हैं

1. बेहोश

जलवा-ए-माहज़बी[2] क्या कहिये
झील में दिल की जब उतरते हैं

2. चाँद से चेहरे वाली का जलवा

इश्क अंजाम तलक पहुँचा फिर
खुशबू-ए-गुल से हम, बिखरते हैं

कुदरती नूर कहाँ चेहरे पर
तेरी कुर्बत[3] में हम निखरते हैं

3. नज़दीकी

तुझे भूलेंगे कसम खाई थी
अपने वादे से हम मुकरते हैं

आप ज़ालिम जहाँ[4] से बरहम़[5] हैं
बेवज़ा हमपे क्यों बिफ़रते[6] हैं

4. संसार 5. नाराज़
6. नाराज़ होना

कीजिये शहर-बदर[7] अब हमको
यहाँ के लोग अब सुधरते है

7. शहर से निकालना

15

जीने के तौर[1] सारे बेतौर[2] हो गये
छोड़ी तेरी चौखट तो कई ठौर हो गये

काश कि देते तुम भूखों को निवाला
फँसता है जो हलक़ में वो कौर हो गये

है नये पैकर[3] में अश्कों की रवानी[4]
ग़म तेरे अब तो जामों के दौर हो गये

तख़्ता पलट हुआ है अबके चुनाव में
जो हाशिये पे थे काबिले-गौर हो गये

ख़ुशबू से है शहर के भौंरों को ख़ुमारी
इंसाँ न हुये आम के तुम बौर[5] हो गये

करते है हेराफेरी छोड़ी है रहज़नी[6]
पहले गनीम[7] थे वो आज चोर हो गये

कुछ खेल मुकद्दर का कुछ उनका हुनर है
बस्ती के सब उचक्के[8] सिरमौर[9] हो गये

गुलशन से गुल निकलकर गज़रे में है सजे
आवारा थे पहले भी अब और हो गये

1. तरीके
2. अव्यवस्थित
3. आकृति
4. बहाव
5. मंजरी
6. राहगीरों को लूटना
7. लुटेरे
8. ठग
9. शहर प्रमुख

16

जन्नत सी लगे दुनियाँ, ज़ीनत[1] है जीने में
परवाज़ को बेताब सा इक दिल है सीने में

उल्फ़त की उलझनें हों या गेसुओं के ख़म[2]
बेतरतीबियों सा लुत्फ़ कहाँ है करीने[3] में

ये रोजो-शब[4] की चाकरी, ले दे के बस इतवार
हैं चार दिन ही चैन के पूरे महीने में

तूफाँ है रवायत[5] का और इश्क की कश्ती
हम ग़र्क[6] न हो जायें, हम हैं सफ़ीने में

पहनो तो हीरा गौहर[7], चख़ लो तो है कज़ा[8]
ये जानलेवा ख़ामी क्यों है नगीने में

1. खूबसूरती
2. टेढ़ापन
3. व्यवस्थित
4. दिन-रात
5. रीति-रिवाज़
6. डूबना
7. रत्न
8. मृत्यु

17

फ़ैला है कत्लोग़ारत सब ख़ूँ में नहाये
नफ़रत से कहो जीत का अब जश्न मनाये

हो शाम-ए-खुशनुमाँ में क्यों राग पुराना
चराग़ों के मानिंद दिल को कौन जलाये

मुमकिन है उजालों की हो जामातलाशी
लापता हैं शाम से दीवार के साये

है किसको फ़िकर तुमने लम्हा-ए-ज़िन्दगी
दोज़ख़[1] मे काटे या कि जन्नत में बिताये

1. नर्क

थी खोजनी ये ज़िन्दगी अपनों के संग में
हम खोजते ही रह गये अपनों में पराये

उलझन में है परिन्दा बैठा दरख़्त पर
बनने से पहले घोंसला शज़र न कट जाये

इतरायें क्यों न तितलियाँ शरमायें क्यों न गुल
वो गुलबदन इमरोज़ तो गुलशन में हैं आये

है कूच की तैयारी जानाँ के शहर से
उनके हैं ख़त जलाये, अपने ख़्वाब जलाये

18

अपने महल से इतर कोई घर नहीं देखा
मुफ़्लिसी[1] को आपने अश्कों से तर नहीं देखा — 1. गरीबी

हाँ रूमानी ही लगेंगी आपको ये बारिशें — 2. आसमानी
बस्तियों पर बर्क़[2] का गिरता कहर नहीं देखा — बिजली

देखी रिश्तों की तिज़ारत[3] और अमीरों के नख्खास[4] — 3. व्यापार
ग़ैरतों का सौदा और कदमों पे सर नहीं देखा — 4. बाज़ार

हाँ रईसों में तो देखीं पाने की बेताबियाँ
पर फ़कीरों में कभी खोने का डर नहीं देखा

राह तकतीं रह गई गुर्बतें इमदाद[5] की — 5. मदद
याँ[6] से तुम गुज़रे नहीं या इधर नहीं देखा — 6. यहाँ

ग़मख़्वारियाँ बेमानी हैं बेफ़ायदा चारागरी
दर्द ग़र बाँटा नहीं ज़ख़्म ग़र नहीं देखा

आपने देखा फ़क़त मशगला[7] चकोर का — 7. शौक
चाँद की आवारगी को रात भर नहीं देखा

19

अपनों ने रूसवा किया है, ग़ैर छोड़िये
किसको जहाँ में अपना कहें, ख़ैर छोड़िये

बस करेंगे शोख़ गुल की आप पैरवी
मौन हैं भौंरों के हक में ख़ैर छोड़िये

दीजिये मुफ़लिस की हकीकत को निवाला
ख़्वाब में अब जन्नतों की सैर छोड़िये

यूँ करेंगे मिन्नतें मग़रूर[1] से कब तक
थामिये उसका गिरेबाँ पैर छोड़िये

हैं आँधी तो रफ़्तार पे इतराइये मग़र
रौशन चराग़ से कभी तो बैर छोड़िये

1. घमण्डी

20

हाल बेलफ़्ज़ ही ये कहता है
इश्क नज़रों से बयाँ रहता है

एक खिड़की जो खुली रहती है
एक मंज़र[1] जो जवाँ रहता है — 1. दृश्य

है तेरे कुर्ब[2] में इक सौदाई[3] — 2. निकटता
फ़िज़ा का मुंतज़िर[4] जो रहता है — 3. पागल, 4. इन्तज़ार में

सबा के संग गुफ़्तगू शबभर
दिया फुर्सत में कहाँ रहता है

कहाँ मिटते हैं नक्श[5] हिज़रत[6] से — 5. निशान/तस्वीर
ज़मीं-ए-दिल पे निशाँ रहता है — 6. परदेश में बसना

कल को ये जिस्म भी ढह जायेगा
चंद सालों ये मकाँ रहता है

मुब्तला[7] हम भी नहीं रहते अब — 7. आसक्त
वो भी हलकान[8] कहाँ रहता है — 8. परेशान

21

आरिज़ों[1] पे अश्कों के निशान देखकर
हूँ परेशाँ तुमको परेशान देखकर

नाराज़गी नहीं है पर हैरत ज़रूर है
उस ज़हीन[2] शै को बदज़ुबान देखकर

बारिश-ए-रहमत के कुछ आसार नहीं हैं
फ़िलहाल तो बसर है आसमान देखकर

संगदिल[3] की आमद इस दिल में है मग़र
अब मेज़बाँ हैरान है मेहमान देखकर

मिलने पे लगता नहीं बाकी है मरासिम[4]
अब इतनी एहतियातें[5] दरमियान देखकर

कैसे कहें उजाले की होगी उमर दराज़[6]
शब को रोशनी का निगहबान[7] देखकर

सोचे तो सोचे जहाँ, है इश्क जावेदाँ[8]
है ताज्ज़ुब तुमको भी बदगुमान[9] देखकर

आप तो हमपे मुसलसल[10] ढाइये सितम
आ जायेंगे सकते[11] में मेहरबान देखकर

1. गाल
2. समझदार
3. कठोर दिलवाला
4. रिश्ता
5. सावधानियाँ
6. लम्बी उम्र
7. रक्षक
8. अमर
9. संदेह में
10. लगातार
11. अचंभे में

22

हूँ दर्द-आश्ना[1] तो क्या कीजे	1. दर्द चाहने वाला
चारासाज़ी[2] नहीं दुआ कीजे	2. इलाज़
मर्ज़-ए-उल्फ़त भले पुराना है	
ज़ख्म देकर नया दवा कीजे	
रायगाँ[3] वरना ज़ीस्त जायेगी	3. व्यर्थ
आशिकी भी ज़रा-ज़रा कीजे	
ज़िन्दगी है तो तोहमतें[4] भी हैं	4. इल्ज़ाम
बेहतर है कि कुछ ख़ता कीजे	
यूँ तो माँगी हैं रहमतें तुमसे	5. जुल्म
कम-से-कम ज़ब्र[5] ही अता[6] कीजे	6. उपहार देना
तब्सिरे[7] लोग दिल पे लेते हैं	7. टिप्पड़ी
दिल्लगी यूँ न जा-ब-ज़ा[8] कीजे	8. हर जगह
नफ़स-ए-आख़िरी[9] तलक न सही	9. आखिरी साँस
घड़ी भर का तो राब्ता[10] कीजे	10. सम्बन्ध

23

रोज़ पड़ता है जताना हमको
इश्क पड़ता है कमाना हमको

पैकर-ए-इश्क[1] में ढाला जिसने
वो ही कहता है दीवाना हमको

सुकूत-ए-शब[2] में गुफ़्तगू होगी
जागना और जगाना हमको

कीजिये दिल-गली में शिरकत अब
आता है पलकें बिछाना हमको

ठहरते कल्ब-ए-यार[3] में थोड़ा
किया रोज़ी[4] ने रवाना[5] हमको

ज़िक्र-ए-जाँ करके हर फ़साने में
फ़सानागो[6] का सताना हमको

फिर से हैं खुदकुशी के मंसूबे
कू-ए-आज़ाब[7] है जाना हमको

देखते नज़रे-हिकारत[8] से हमें
बड़ा आसाँ था गँवाना हमको

1. इश्क की आकृति
2. रात का सन्नाटा
3. यार का दिल
4. रोज़गार, 5. भेजना
6. कथावाचक
7. दर्द की गली
8. नफ़रत की निगाह

24

है मुमकिन कहीं और वादा किया हो
बिछड़ने का हमसे इरादा किया हो

है मुमकिन बिछाई हो शतरंज उसने
और अश्कों को अपने प्यादा किया हो

है मुमकिन हमें बख़्श कर रतजगे सब
खुद नींद का इस्तिफ़ादा[1] किया हो

है मुमकिन हुआ हो असर ख़ल्क[2] का अब
सो तबियत[3] को अपनी कुशादा[4] किया हो

है मुमकिन कई सर्द रातों में उसने
हमारे ही ग़म को लबादा किया हो

है मुमकिन कि वो हो पशेमान[5] दुगना
औ पिंदार[6] को उसने आधा किया हो

है मुमकिन कि किस्से में किरदार हों हम
हमें ख़्वाबों का शाहज़ादा किया हो

है मुमकिन बयाँ कर न पाया ज़ुबाँ से,
मग़र इश्क उसने ज़्यादा किया हो

1. लाभ लेना
2. दुनियाँ
3. मिजाज़
4. खुला हुआ
5. शर्मिन्दा
6. घमण्ड

25

राह-ए-वफ़ा के काँटों से बिस्मिल[1] होना	1. घायल
आसाँ कहाँ हसरत का खुद कातिल होना	
फिर नहीं है देखना अहद-ए-फ़िराक़[2]	2. विरह का दौर
देखा है हमने शाम का बोझिल होना	
बेनियाज़[3] है तेरी खुशी के लिये	3. कोई इच्छा न होना
चाहता दिल भी नहीं बेदिल[4] होना	4. उदास
है ज़रूरी ज़ीस्त में किल्लत[5] ज़रा	5. अभाव
बेज़ार[6] कर देता है सब हासिल होना	6. ऊबना
मंज़िलों की थी तवक्क़ो[7] उम्र भर	7. उम्मीद
सालता[8] क्यों कदमों में मंज़िल होना	8. चुभता
हर डूबती कश्ती का है ये चश्मदीद	
वाकई दुश्वार[9] है साहिल होना	9. कठिन
फुर्क़त-ओ-ख़ल्वत[10] और तेरा ख़्याल	10. विरह और एकान्त
फिर से गोया[11] ज़ख्म पे चोटिल होना	11. जैसे
बेशक हैं बेदारी[12] के नफ़े[13] सैकडों	12. जागरूक
पर किसी नेमत सा है ग़ाफिल[14] होना	13. फ़ायदे, 14. बेफ़िक्र

यूँ भी क्या कम थे दुनियावी फ़रेब
अब इसमें खुदफ़रेबी[15] का शामिल होना

15. खुद को धोखा देना

ज़िन्दगी में थी मुसलसल[16] खुदपरस्ती[17]
दास्ताँ में फिर तेरा दाख़िल होना

16. लगातार
17. आत्ममुग्धता

26

यूँ तो रस्मोराह[1] में उज़्लत[2] नहीं
पर गाहे-गाहे[3] मिलना भी चाहत नहीं

1. मेलजोल
2. जल्दबाजी
3. कभी-कभी

लाख गिनवाओ ख़सारे[4] इश्क के
राह-ए-उल्फ़त छोड़ेंगे हज़रत[5] नहीं

4. नुकसान
5. हुजूर

हम तुम्हारे हिज्र में बेहिस[6] हैं पर
क्यों तुम्हारे जिस्म में हरकत नहीं

6. संवेदनाशून्य

बेज़मीरी[7] में मुनाफ़ा हो तो हो
इसमें अना[8] वालों को रग़बत[9] नहीं

7. अनैतिकता
8. स्वाभिमान
9. रूचि

हैं आप भी मारे हुये हालात के
ज़िन्दगी की हमपे भी रहमत[10] नहीं

10. कृपा

ज़हर से ये साँप भी लबरेज़[11] हैं
केंचुली बदलते हैं फ़ितरत नहीं

11. भरे हुये

रूसवाइयाँ[12] पहुचीं न अगले चौक[13] तक
इश्क ने सबकुछ दिया शोहरत नहीं

12. बदनामी
13. चौराहा

है तिश्नगी, दीवानगी, आवारगी
माहरू[14] से अब हमें फुर्सत नहीं

14. चाँद से चेहरे वाली

इश्क है ग़र तो नफ़ा नुकसान क्या,
इस तिज़ारत[15] में कोई बरकत[16] नहीं

15. व्यापार
16. समृद्धि

27

खूँ में शमशीरें भिगोनी चाहिये
जंग लाज़िम हो तो होनी चाहिये

हल या कि कोई हलाहल[1] निकले
आपको उलझन बिलोनी[2] चाहिये

कर चुके नीलाम काफ़ी ग़ैरतें
अब नहीं इज्ज़त डुबोनी चाहिये

कलम से सुखनवरी[3] काफ़ी नहीं
शायरी लहज़े में होनी चाहिये

दरमियाँ[4] दोनों के कोई तीसरा
उल्फतें क्योंकर तिकोनी चाहिये

अब हमारी उल्फ़त-ए-बेताब को
वस्ल[5] की शामें सलोनी चाहिये

इश्क का धागा नदारद हो अगर
याद अश्कों में पिरोनी चाहिये

1. विष
2. मथना
3. कविता लिखना
4. बीच में
5. मिलन

28

यादों में मंज़र भले दोहरायेंगे
वो ग़ुज़िस्ता[1] कल कहाँ से लायेंगे — 1. गुज़रा

मैक़शी की बात करते हैं जनाब
आपसे प्याले सम्भाले जायेंगे?

बरहना[2] हैं तो ये महफ़िल आपकी — 2. नग्न
बाक़बा[3] हैं तो निकाले जायेंगे — 3. वस्त्र पहने

रह गईं हैं कुछ फ़ितरती ख़ामियाँ
फिर से हम साँचे में ढाले जायेंगे

अना-ए-मुफ़लिस[4] से खेला जायेगा — 4. गरीब का स्वाभिमान
चंद सिक्के फिर उछाले जायेंगे

रहगुज़र[5] अन्जान वीराँ[6] रेग़ज़ार[7] — 5. रास्ता, 6. वीरान
हम फ़कीरों की दुआ ले जायेंगे — 7. रेगिस्तान

भौंरों को इतना ना कमतर आँकिये
गुल की रंग-ओ-बू[8] चुरा ले जायेंगे — 8. रंग और खुशबू

29

बेचिराग़ अब भी इस घर के आले हैं
तूफ़ाँ के तेवरों से हैराँ उजाले हैं

रौनकें घटतीं रहीं बढ़ती रही उमर
अब उम्र के मकाँ में चालीस माले हैं

चाभियाँ किस्मत की हाथों में हैं मग़र
अफ़सोस कि हमारे ज़ेहन में ताले हैं

दश्त की क़बा[1] का नामोनिशाँ नहीं
कुछ शज़र शहर की इज्ज़त संभाले हैं

ना मिला न मिलना था रूह का सुकूँ
बाज़ार-ए-हुस्न[2] यूँ तो कितने खंगाले हैं

दुश्वारियाँ हमारा साथ छोड़ती नहीं
अब हौसले ही साथ छोड़ जाने वाले हैं

1. वस्त्र
2. हुस्न के बाज़ार

30

उसको क्या लेना तेरे हालात से
खेलना है बस तेरे जज़्बात से

हिज्र में दरिया-ए-अश्क अब कहाँ
आ गये आजिज़[1] हम इस बरसात से — 1. तंग होना

शब जवाँ है, अर्श पे है कहकशाँ[2] — 2. आकाशगंगा
गुफ़्तगू है यादों की बारात से

मुस्कुराया आज भी वो देखकर
फिर नवाज़ा उसने इस सौगात से

शेर का सिक्का चले है दश्त में
फ़र्क नहीं हिरनों की तादात[3] से — 3. संख्या

सर पे चढके बोलता है ये ग़ुरूर
ग़र मिले ज़्यादा कभी औकात से

अपने बूते आबोदाना[4] खोजिये — 4. रोज़ी रोटी
ज़िन्दगी किसकी कटी ख़ैरात से

है तक़ाज़ा[5] उँगलियाँ मुट्ठी बनें — 5. वक्त की माँग
ग़र निज़ात[6] चाहिये ज़ुल्मात से — 6. मुक्ति

वक्त भी भरता नहीं है ज़ख़्म-ए-दिल
लुत्फ़ है पर दर्द की इफ़रात[7] से — 7. अधिकता

हाथ थामे उनका हम सोचा किये
फिर जियें ये दास्ताँ शुरूआत से

उनकी ख़ामोशी से मैं उलझन में हूँ
अब ख़फ़ा हैं वो मेरी किस बात से

शब के तारे आज फिर ग़र्दिश[8] में हैं
चाँद घर आया नहीं कल रात से

8. मुसीबत

31

ख़ामियाँ तेरी गिनाना चाहता हूँ
दूर जाने का बहाना चाहता हूँ

है कज़ा-ए-रब्त[1] की दरकार अब
खोके तुमको खुदको पाना चाहता हूँ

कर तग़ाफुल[2] रोशनी को जाने क्यों
तीरगी से घर सजाना चाहता हूँ

कश्तियाँ और बादबाँ मग़रुर हैं
नाखुदा[3] ही हो सयाना[4] चाहता हूँ

अब तेरा फ़रमान हो और मेरा सर
जाँ के हाथों जाँ से जाना चाहता हूँ

वुसअतों[5] से आब[6] के वाकिफ़ हूँ पर
मैं समंदर का खज़ाना चाहता हूँ

ताक पर रख़[7] आँधियों के सब रिवाज़
ताक़[8] पर दीया जलाना चाहता हूँ

चाहिये पैरों तले दो गज़ ज़मीं
ना कि कदमों में ज़माना चाहता हूँ

1. रिश्ते की मौत
2. नज़रअंदाज
3. नाविक
4. बुद्धिमान
5. विस्तार
6. पानी
7. अनदेखा करना
8. आला

अब कलेजा दर्द से लबरेज़[9] है
हिज्र को बस ये बताना चाहता हूँ

माँ का आँचल और ना दामन तेरा
अश्क पलकों में छुपाना चाहता हूँ

9. भरा हुआ

32

ज़ख्म-ए-दिल हर शख़्स को दिखलायेंगे
तो यक़ीनन सरफिरे कहलायेंगे

कर रहा है दिल्लगी की इंतिहाँ
राहत-ए-जाँ को कभी समझायेंगे

ख़त्म होगी ग़र कभी दीवानगी
होगा यूँ अहसास भी मर जायेंगे

रहने दे महफ़ूज़ माँझा रब्त का
सुलझनों को फिर कभी उलझायेंगे

ज़ुर्म इतना है कि बेग़ैरत है ये
आरज़ू को दार[1] पर लटकायेंगे — 1. सूली

माना इनके पर परिन्दों से नहीं
ख़्वाब परवाज़ों[2] से कब बाज़ आयेंगे — 2. उड़ानों

बेमुरव्वत[3] हैं सज़ा देने में वो — 3. निर्दयी
मग़र खुद को रहमदिल ठहरायेंगे

कान धरिये[4] मशवरों पर ग़ैर के — 4. सुनिये
वरना अपनों से ही धोख़ा खायेंगे

सर्द शब है और है कोहरा घना
क्या करेंगे? हसरतें सुलगायेंगे

रौंदकर[5] दिल गुज़रे सभी बारहा[6]
आप भी क्या वाक़या दोहरायेंगे

5. कुचलना
6. अक्सर

33

शबे-फुर्क़त उदास बैठा हूँ
अपनी तुर्बत[1] के पास बैठा हूँ — 1. कब्र

एक दरिया का मुंतज़िर[2] हूँ मैं — 2. प्रतीक्षारत
लिये जन्मों की प्यास बैठा हूँ

हलाक़[3] कर चुकी हाला कबकी — 3. मारना
लिये खाली गिलास बैठा हूँ

ज़फा से उनकी शिकायत कैसी
होके खुदसे निराश बैठा हूँ

होना बेज़ार चाहिये मुझको
मगर मैं पुरहवास[4] बैठा हूँ — 4. पूरे होश में

हो गुलबदन की बज़्म में शिरकत
लिये खुशबू की आस बैठा हूँ

महफिलें ज़िक्र जहाँ हो तेरा
कहाँ आतीं हैं रास, बैठा हूँ

साँस में साँस घुली थी जो कल — 5. साँस
लिये नफ़स[5] की बास[6] बैठा हूँ — 6. महक

34

बेख़्याली में ख़्याल-ए-यार भी नहीं
इस बेकली में कोई मददगार भी नहीं

अब राहरौ[1] को कैसे समझायें ये उलझन — 1. मार्गदर्शक
भटके भी नहीं हैं, दश्त पार भी नहीं

हम भी कल सोचा किये माज़ी[2] को अपने — 2. अतीत
शफ़्फ़ाक[3] भी नहीं हैं गुनहग़ार भी नहीं — 3. साफ-सुथरे

अजब सा मंज़र है चमन-ए-ज़ीस्त में
ग़ुलाब भी नहीं है यहाँ ख़ार भी नहीं

अब उनसे नहीं राब्ता ना कोई निस्बत[4] — 4. लगाव
अब टूटते जुड़ते से दिल के तार भी नहीं

शाम-ए-फुर्कत में हमारा हाल ये है कि
ज़िन्दा भी नहीं हैं जाँ-निसार[5] भी नहीं — 5. कुर्बान

बेहिस[6] है ये शहर और बेहिस हरेक शै — 6. संवेदनाशून्य
बेहोश भी नहीं हैं पर बेदार[7] भी नहीं — 7. सजग

दंगों की चश्मदीद हैं ये सहमी दीवारें
कोरी नहीं हैं इनपे इश्तिहार भी नहीं

झिंझोड़ियें, जगाइये बेजान शहर को
मातम नहीं है पर कोई त्योहार भी नहीं

दरिया-ए-इश्क हमको ले आया है कहाँ
ना लब-ए-साहिल है मझधार भी नहीं

क्यों जरा फ़ारिग और अलमस्त[8] हूँ इमरोज़[9] 8. बेफ़िक्र
ना खुशियों की वज़ह कोई इतवार भी नहीं 9. आज

ज़म्हूरियत[10] की शान हैं जो सफ़ेदपोश 10. लोकतंत्र
खुद्दार बचे इनमें दो-चार भी नहीं

ज़ाहिर सी ख़ताओं पे जो टोकते नहीं
रक़ीब तो नहीं हैं मग़र यार भी नहीं

शबे-हिज्र फिर से बादल है इश्क का
अरमाँ के नहीं पंख, इख़्तियार[11] भी नहीं 11. वश

है ज़िन्दगी हमारी इक भोर का तारा
ग़र कम नहीं साँसें तो बेशुमार भी नहीं

35

जो न गुज़रा गुज़र गया होता
ज़ख़्म यादों का भर गया होता

ज़र्द चेहरे को दिलनशीं[1] कहता
आईना ही निखर गया होता

न सही तू दिल की ख़ल्वत[2] में
तेरा ग़म ही ठहर गया होता

दिन की भटकन तो चलो वाज़िब है
मै सरे-शाम घर गया होता

करता तौबा तुम्हारी गलियों से
दीवाना क्यों सुधर गया होता

सख़्तजाँ[3] हूँ तेरी नवाज़िश[4] है
यूँ न जीता तो मर गया होता

याद होती जो तेरी ज़ेहन[5] में
फरोज़ाँ[6] ये पहर गया होता

दरबदर है मग़र वो है खुदसर[7]
और[8] होता तो घर गया होता

उसके आने के मुंतज़िर होते
काश ना इस कदर गया होता

1. खूबसूरत
2. अकेलापन
3. जिसे मारना मुश्किल हो
4. उपहार
5. ख़्याल
6. रोशन
7. ज़िद्दी
8. कोई और

रस्ते पामाल[9] और सफर बोझिल 9. घिसे-पिटे
रहनुमा संग ग़र गया होता

हदें हिम्मत की जानता कैसे
हादसों से जो डर गया होता

नहीं आया ख़िजा के झाँसे में
वरना जाँ से शज़र गया होता

दर्द मुफ़लिस का ही मुकद्दर क्यों
सोज़[10] हाकिम[11] के दर गया होता 10. कष्ट, 11. शासक

शाह की तयशुदा फतह का भी
वाक़या बन ख़बर गया होता

36

आँधियों की ये बलायें[1] कब तलक नातवाँ[2] हुज़रा[3] बचायें कब तलक	1. आफ़तें 2. कमज़ोर, 3. घर
हाँ अक़ीदत[4] संगदिल की छोड़ दी हम ख़ुदी पे ज़ुल्म ढायें कब तलक	4. पूजा
है उजाले की नफ़स[5] ये आख़री सायाबाँ[6] साया बनाऐं कब तलक	5. साँस 6. वस्तु जिससे साया बनता है
थक गये हैं रास्ते के ये शज़र[7] लोगों को रस्ता बताऐं कब तलक	7. पेड़
स्याह[8] रंग के कद्रदान और हों तेरी ज़ुल्फें और घटाऐं कब तलक	8. काले
आबोहवा-ए-चमन में तेज़ाब है दिलनशीं[9] गुल की क़बाऐं कब तलक	 9. ख़ूबसूरत
जायें ना शहर-ए-हवस में बेहिज़ाब गुलरूख़ों[10] को ये बतायें कब तलक	 10. फूल जैसे चेहरे वाले
करता है गुमराह मुर्शिद[11] बारहा[12] रस्ता-ए-पामाल[13] जाऐं कब तलक	11. मार्गदर्शक, 12. अक्सर 13. घिसा पिटा रास्ता
हमसफ़र लगने लगी है तीरगी[14] ये मशालें ये गुफ़ाऐं कब तलक	14. अंधेरा

है तलातुम[15] और है माँझी नया
काम आऐंगी दुआयें कब तलक

15. ऊंची लहर

अब किताब-ए-इश्क पढ़िऐ ख़ुद कभी
फ़लसफ़ा[16] तुमको बतायें कब तलक

16. निचोड़

इंतहा-ए-इश्क[17] भी ख़ुशरंग हो
ये सलीबें[18], ये चिताऐं कब तलक

17. इश्क का परिणाम
18. सूली

हो मुक़म्मल[19] सी कोई चाराग़री[20]
ग़मगुसारी[21] की दवाऐं कब तलक

19. संपूर्ण, 20. चिकित्सा
21. सहानुभूति

शब गई दरपेश[22] है रंगीं शफ़क़[23]
और ये फ़ुर्क़त मनाऐं कब तलक

22. सामने
23. सुबह की लालिमा

होइये गुमराह आप ख़ुदबख़ुद
सहरा सराबें[24] सजाऐं कब तलक

24. मारीचिका

बारिश-ए-रहमत फ़क़त महलों पे है
ये घटाओं की ख़ताऐं कब तलक

लब तेरे और तेरा ही पैग़ाम हो
सरगोशियाँ[25] करतीं हवाऐं कब तलक

25. कानाफूसी

रब्त की कंदील[26] कब की बुझ चुकी
तीरगी से घर सजाऐं कब तलक

26. दीपक

जान ही लेगा सबब-ए-चश्मे-तर[27]
राज़दाँ[28] से ये छुपाऐं कब तलक

आख़िरश हम भी तुम्हारी ज़द[29] में हैं
हों तग़ाफ़ुल[30] ये अदाऐं कब तलक

27. भीगी आँख का कारण
28. रहस्य जानने वाला
29. प्रभाव
30. नज़रअंदाज़

37

दबा-सहमा उजाला जा रहा है
ज़ुर्म पे पर्दा डाला जा रहा है

सूरज ग़ुम रहा है अलसुबह तक
अँधेरों को खँगाला जा रहा है

लडखड़ायें सभी उनकी बला[1] से
कहाँ आँचल संभाला जा रहा है

कहाँ ख़ौफ-ए-ज़हर में आस्तीनें
साँप नाज़ों से पाला जा रहा है

नूर-ए-महफ़िल ज़रा तो ज़र्द होगा
बज़्म से इक जियाला[2] जा रहा है

निभेगी फिर कभी रस्म-ए-अदावत[3]
जंग को आज टाला जा रहा है

शनाख़्त[4] मैक़दे की होगी कैसे
ये हाला और प्याला जा रहा है

दिखेगा मंजर-ए-यलगार[5] या बस
लहू अपना उबाला जा रहा है

दबी आवाज़ ना मज़लूम[6] की जब
तो पगड़ी को उछाला[7] जा रहा है

1. परवाह नहीं
2. ज़िंदादिल आदमी
3. दुश्मनी की रस्म
4. पहचान
5. आक्रमण का दृश्य
6. सताया हुआ
7. अपमान करना

तेरे ज़ुल्म-ओ-सितम[8] पे लानतें ग़र
सोज़[9] हमसे सम्हाला जा रहा है

8. जुल्म और सितम
9. कष्ट

हो शायद ख़्वाब में अब आशियाना[10]
हमें दिल से निकाला जा रहा है

10. घर

ख़त्म फुर्क़त के लम्हे हो गये क्या
हलक़ में अब निवाला जा रहा है

मुफ़्लिसी[11] ने लिहाफ़[12] छीना हमसे
क्या तेरा भी दुशाला[13] जा रहा है

11. गरीबी, 12. कम्बल
13. चादर

चुकाईं इश्क की किश्तें हैं इतनी
कि अब निकला दिवाला[14] जा रहा है

14. कंगाल होना

कहाँ है पीरी में लज़्ज़त-ए-उल्फ़त
कि अब वो शौक-ए-आला[15] जा रहा है

15. उम्दा शौक

तख़ल्लुस[16] यूँ शहर में है हमारा
वो देखो इश्कवाला जा रहा है

16. उपनाम

38

कैसे तिश्नगी पे उसे इख़्तियार[1] था — 1. वश
आलम-ए-ख़ुमारी में वो बेख़ुमार था

काश कि वो हाल मेरा मुझसे पूछता
उसको मग़र मुखबिरों[2] पे ऐतबार था — 2. ख़बरी

उसकी अना[3] का भाव लगाये भले बाज़ार — 3. घमंड
मैं उसकी ख़ाकसारी[4] का ख़रीददार था — 4. विनम्रता

हर दिल में शाद[5] और हर चेहरे पे तबस्सुम[6] — 5. खुशी
मौसमे-शहर यूँ आज खुशग़वार था — 6. मुस्कान

सच्चाई पे तामीर हो रिश्ते की इमारत
मैं उसकी साफ़गोई का तलबग़ार था

शहर भर की नुक्ताचीं[7] के क्या हैं मायने — 7. दोष खोजना
हमको तो तेरे तब्सिरे[8] का इन्तज़ार था — 8. टिप्पड़ी

आ गया वाइज़[9] भी आज इश्क की ज़द में — 9. उपदेशक
अब शरीक ग़म में मेरे ग़मगुसार[10] था — 10. ग़म पूछने वाला

है आने का वादा भले आमद है नामुमकिन
इस दर्ज़े का वादाख़िलाफ मेरा यार था

है बहुत मुमकिन कि अबके खेत हों शादाब[11] — 11. हरे-भरे
ज़र्रानवाज़ी[12] मिट्टी की करता कुम्हार था — 12. तारीफ़

देखती थी वो भी ख़्वाब राजमहल के
उसकी भी दास्ताँ[13] में एक शैसवार[14] था

13. कहानी
14. घुड़सवार

कूचा-ए-यार में था चर्चा-ए-मरासिम[15]
बन गया ये रस्मोराह[16] इश्तिहार था

15. रिश्ते की चर्चा
16. मेलजोल

जाँ से गये लोग और अन्जाँ है सितमग़र
ग़मज़दा था कौन, कौन संगसार[17] था

17. पत्थर मारकर मृत्युदण्ड

वो चाहता था हिज्र में भी सोचूँ मैं उसे
पर मेरी बेख़्याली से वो बेक़रार था

थी हर निग़ाह पूछती फ़िराक़[18] में मिजाज़
बेकाम शहर को मिला ये रोज़ग़ार था

18. विरह

जुस्तजू[19] थी देखने की सूरत-ए-जानाँ
ता-हद्दे-नज़र[20] ख़्वाब में गर्दो-गुबार था

19. इच्छा
20. नजर की हद तक

महकते शब भर रहे जानेजाँ तेरे ख़त
तू था ज़हन में और सहन[21] में हरसिंगार था

21. आँगन

39

चाहिये बेज़ार[1] दिल ये ग़म सजाने को
फुर्सत भी होनी चाहिये फुर्क़त[2] मनाने को

हो हुनर और हौसला तुमको मनाने का
वो फ़क़त नाराज़ ही है मान जाने को

चारागर है बड़ा ज़ख़्म छोटे ज़ख़्म का
हो ग़म-ए-जाँ, ग़म-ए-जहाँ को भुलाने को

तैरना आसान है दरिया-ए-इश्क में
चाहिये फ़नकारियाँ पर डूब जाने को

बाम-ओ-दर-ओ-दीवार को ही घर कहें कब तक
अब मकीं[3] भी चाहिये इस आशियाने को

हैं फ़रागत[4] आप भी तो नुक़्स बतलायें
हर बशर[5] बैठा मेरी ख़ामी गिनाने को

दर्द अता[6] करने को अपने ही काफ़ी हैं
चाहिये मेरा पता क्योंकर बेग़ाने को

यारियों की इब्तिदा[7] होती है खुद-ब-खुद
चाहिये पर नफ़रतें रंजिश निभाने को

शहर-ए-जानेजाँ में हैं रूसवाइयाँ मेरी
और क्या अब चाहिये तेरे दीवाने को

1. दुखी
2. विरह
3. निवासी
4. ख़ाली
5. व्यक्ति
6. प्रदान करना
7. शुरूआत

तन्हाई और दर्द-ए-कफ़स[8] पूछो परिन्दे से 8. पिंजरे का दर्द
तुम धरौंदा कहते हो इस कैदख़ाने को

छोड़ो बदी[9] कहता है ये वाइज़[10] का तजुर्बा 9. बुरी लत
आदतें कहतीं हैं मग़र दोहराने को 10. उपदेशक

मैने चुनी, मेरे लिये ही है ये हुकूमत
ज़म्हूरियत[11] कहते हैं हम इस ताने बाने को 11. लोकतंत्र

तन पे हैं आवाम के बोसीदा[12] क़बायें[13] 12. जीर्ण शीर्ण
महरूम हैं आबादियाँ क्यों आबो-दाने[14] को 13. वस्त्र
14. जीविका
लीजिये बदले कभी खुद भी रक़ीबों[15] से 15. दुश्मनों
या कि बस मेरा ही शाना[16] है निशाने को 16. कंधा

मुतमईन[17] होइये इस एहतराम[18] से 17. संतुष्ट
मुफ़लिस[19] के पास हैं फ़क़त पलकें बिछाने को 18. आदर
19. गरीब
तल्ख़ तब्सिरों[20] पे उनके ख़ाक डालिये 20. टिप्पड़ी
चहिये मुद्दा कोई ज़ालिम ज़माने को

है काबिले-गौर इसका ये शिगूफ़ा[21] भी 21. अनोखी बात
शहरे-ग़म इमरोज़[22] कहता मुस्कुराने को 22. आज

जिस्म मरता है फ़क़त है रूह जावेदाँ[23] 23. अमर
ज़िन्दगी कहते हैं सब इस आने-जाने को

उनकी ख़लिश[24] को भरती है शराबों की कशिश[25] 24. कमी
ख़ुद को मिटा रहे हैं हम ग़म को मिटाने को 25. रोचकता

धोख़ा, फ़रेब, साजिशें और चालबाज़ियाँ
तुम गिरोगे कितना अब हमको गिराने को

जीतने को कायनात चाहिये ताकत
हस्सास[26] तबियत चाहिये दिल हार जाने को 26. संवेदनशील

(40)

उसे जो जीने का शऊर होता
बुलंदी पे वो बेग़ुरूर[1] होता 1. बिना घमंड

जुनूँ-ए-मैक़शी होता उसे ग़र
निगाह-ए-साकी से सुरूर होता

तबाह शै[2] की फ़ेहरिस्तों[3] में 2. चीज, 3. सूची
दिल-ए-नाशाद[4] ये ज़रूर होता 4. दुखी दिल

फ़क़त कमाने की ही वहशत[5] है 5. पागलपन
सर्फ़[6] करने का भी फ़ितूर होता 6. खर्च

है चलन मतलबी रफ़ाकत[7] का 7. याराना
कभी ये बेसबब हुज़ूर होता

हूँ महरूम[8] लज़्ज़त-ए-सफ़र से 8. वंचित
काश मैं मंज़िलों से दूर होता

मुकम्मल[9] नींद का हो कोई सबब 9. संपूर्ण
मसलन[10] मैं थकन से चूर होता 10. जैसे

होते अक़्स मेरे भी हज़ारों
ये आईना जो चकनाचूर होता

बरकत[11] जुल्मी की अग़र होती	11. उन्नति
दुआगो[12] का भी कुछ कुसूर होता	12. दुआ देने वाला
भले कुछ ज़र्द[13] होता ये उजाला	13. फ़ीका
ज़रा तारीकी[14] में भी नूर होता	14. अंधेरा

41

ये पैकर[1] खुद नहीं ढहे होंगे
माज़ी[2] में बुतशिकन[3] रहे होंगे

लाश सी बेज़ुबाँ है बस्ती ये
हुकूकों[4] पे कफ़न रहे होंगे

बेसदा[5] सहमी-सहमी शामों में
सूने बाम-ओ-सहन[6] रहे होंगे

खूँ में दरियाओं सी रवानी[7] थी
क्या दौर-ए-बाँकपन[8] रहे होंगे

पार सहरा किया है लश्कर ने
तिश्नगी और थकन सहे होंगे

ज़रा सी चाहतों की बारिश में
दिल के दरिया उफ़न गये होंगे

इश्क दोहरायें अजनबी बनकर
चाँद, निकहत[9], किरन नये होंगे

दस्तार-ओ-अना[10] की तुर्बत[11] में
इश्क कितने दफ़न रहे होंगे

है सबब[12] कुछ कि बेवफ़ा हैं वो
या कि इरादतन रहे होंगे

1. मूर्ति
2. अतीत
3. मूर्ति तोड़ने वाले
4. अधिकारों
5. चुपचाप
6. छज्जे और आँगन
7. बहाव
8. जवानी का दौर
9. खुशबू
10. पगड़ी और अभिमान
11. कब्र
12. कारण

हिज्र में हम तो तन्हा हैं पर वो
रौनक-ए-अंजुमन[13] रहे होंगे

रूलाके हमको बेशिकन[14] हैं वो
बारहा[15] दिलशिकन[16] रहे होंगे

13. महफ़िल की रौनक
14. बेफिक्र
15. अक्सर
16. दिल तोड़ने वाले

42

बोझिल मेरी पलकें भी हैं शहरे-खुमार में
क्या मान लें कि मुब्तला[1] हैं हम भी प्यार में   1. ग्रस्त

मदमस्त है, बेराह है बहका हुआ बादल
बहकी हुई हैं हसरतें रिमझिम फुहार में

फ़िलहाल तो दीदार से ही गुम हवास[2] है   2. सुध
अंगड़ाइयाँ भी गुलबदन की हैं कतार में

है मयस्सर आज फिर दरियाओं को बारिश
सावन नहीं सहराओं के गर्दो-गुबार में

रम्ज़-ए-दिल[3] बयाँ करें, ज़िम्मा है लबों को   3. दिल का रहस्य
पर लफ़्ज़ लड़खड़ाते इस दारोमदार[4] में   4. ज़िम्मेदारी

है कहर और कयामत ये आँखों का काजल
सान[5] करवाये कोई जैसे कटार में   5. धार

इश्क ढूढते हैं ज्यों सहरा में आबशार[6]   6. झरना
करार ढूढते हैं दिले-बेकरार में

सुना कि वादी में है फिर मौसम-ए-बहार   7. सुबह की लालिमा
है रंग शफ़क़[7] जैसा दरख़्ते-चिनार[8] में   8. चिनार का पेड़

या कि इश्क-ओ-उल्फ़त के काम आयें हम
या कि अब चिनवाइये[9] हमको दिवार में 9. ईटों में दबाना

गुल कहाँ फिर गुल जो इसमें ना हो रंग-ओ-बू
यूँ तो फिर ख़ामी नहीं थी कोई ख़ार[10] में 10. काँटा

43

है भटकन को उससे शिकायत बहुत
वो रहबर[1] की सुनता हिदायत बहुत — 1. मार्गदर्शक

हैं यार कम और ज़्यादा रक़ीब[2] — 2. दुश्मन
रब की है उसपे इनायत[3] बहुत — 3. कृपा

जख़्म भरने पे ही है देता जख़्म
सितमग़र ने की है रियायत[4] बहुत — 4. विशेष सुविधा

हवेली का चालो-चलन देखिये
थी मशहूर इसकी रिवायत[5] बहुत — 5. रीति रिवाज

झरोखे, दरीचे न कोई किरन
है बेसबा[6] ये इमारत बहुत — 6. बिना हवा

दे ज़ख़्म ग़र तो मुरव्वत[7] न कर — 7. सहानुभूति
है दर्द-ए-उल्फ़त ज़रूरत बहुत

बाकी है रण[8] तेग[9] हाथों में है — 8. युद्ध, 9. तलवार
लहू में अभी है हरारत[10] बहुत — 10. गर्मी

कहता है तू इसको कोरा बदन
इसपे लिखी है इबारत बहुत

वफ़ा का नहीं जिस्म का मोल है
अजब इश्क की है तिज़ारत[11] बहुत — 11. व्यापार

मयस्सर[12] सराबें[13] हुई प्यास को
है सहरा को इसपे नदामत[14] बहुत

12. नसीब
13. मारीचिका
14. शर्मिन्दगी

है मेरा नहीं तो किसी का नहीं
है तन्हा वो ये है गनीमत बहुत

देखा वो पैकर[15] है बेपैरहन[16]
ख़्वाबों ने की है हिमाक़त[17] बहुत

15. आकृति
16. निर्वस्त्र
17. दुस्साहस

परिन्दों को आगाह करता है अब
थी सय्याद[18] को कल अदावत[19] बहुत

18. शिकारी, 19. दुश्मनी

हो हस्सास[20] तो कोई नेकी करो
ज़रूरी नहीं है इबादत बहुत

20. भावुक

न वाइज़[21] न उनका नुमाइंदा[22] है
वो देता मग़र है नसीहत बहुत

21. उपदेशक
22. प्रतिनिधि

बरामद तवायफ़ के घर से हुआ
हुई शोख़ गुल की फ़ज़ीहत बहुत

मिली गुल को बू और तितली को रंग
तो क्यों है चमन में बग़ावत बहुत

मुहज़्ज़ब[23] है हाथी तो वश में है वो
ग़फ़लत में क्यों है महावत[24] बहुत

23. सभ्य
24. हाथी चलाने वाला व्यक्ति

रहना शगुफ़्ता[25] है हक और हुकूक
क्यों लेना किसी से इजाज़त बहुत

परिन्दे के पर ना उड़ाने बचीं
की है कफ़स[26] ने हिफ़ाज़त बहुत

सुनाई दी है अब जरस[27] की सदा
थी तन्हा, थी लम्बी मसाफ़त[28] बहुत

भले तारे चंदा के हमजोली हैं
अमावस[29] में की थी ख़िलाफ़त बहुत

शोख़ी[30] बला की है इकरार में
है इनकार में भी नफ़ासत[31] बहुत

25. खुश
26. पिंजरा
27. जानवर के गले की घंटी की आवाज़, 28. यात्रा
29. अमावस्या/बिना चांद की रात
30. चंचलता
31. कोमलता

44

मैं हालात-ए-गर्दिश को क्योंकर ना छुपाता
आईने तंज़ करते हैं रंज कैसे बताता

जब दरपेश[1] थे भंवर, तूफाँ और तलातुम[2] 1. सामने
टूटी कश्तियों पर दाँव मैं कैसे लगाता 2. बड़ी लहर

चाहता हूँ नुमाया हो सहर का सूरज
बेख़ता चाँद मंज़र से मगर कैसे हटाता

अज़ल[3] से ख़ार[4] की सोहबत मिली निगाहों को 3. आदिकाल
कोई गुलाब-ओ-गुलिस्ताँ इनमें कैसे समाता 4. काँटा

पहुँची नींव तक सीलन रब्त जर्जर है
तयशुदा गिरता नशेमन[5] कोई कैसे बचाता 5. घर

मुकद्दर[6] मान लिया है मैनें तन्हाई को 6. भाग्य
यकीं हसरत-ए-नादाँ को मगर कैसे दिलाता

मिला जो बाद अरसे वो, अनदेखा किया है
पूछकर हाल उसका मैं जख़्म कैसे दुखाता

जला आतिश-ए-फुर्कत में, जलाये अरमाँ भी
जलाये ख़त वो बोसीदा[7], याद कैसे जलाता 7. जीर्णशीर्ण

मेरे हर एक सुखन[8] का अक़्स है तू ही 8. गज़ल
फ़क़त तेरा ही हूँ मैं, और कैसे जताता

तेरी दरियादिली का ज़िक्र हो रहा हरसू[9] 9. चारो ओर
ज़रूरतमंद हूँ मैं पर, क्यों अज़्मत[10] आज़माता 10. महानता

किये गुनाह भी कहाँ, रहा बेकाम इतना
दार[11] पर टाँगने के भी मैं कैसे काम आता 11. सूली

है बाहर बारिश-ए-रूसवाई कैद हूँ घर में
बारिश-ए-खूँ में मुसलसल[12] मैं कितना नहाता 12. लगातार

45

होके परेशाँ आप हमदर्दी जतायेंगे
नज़रें उतारकर हमें कब तक बचायेंगे

ज़ख़्म, सोज़, आँसू, टूटे हुये सपने
इस एक तबस्सुम से क्या क्या छुपायेंगे

हिज्र में हैं हिचकियाँ और जिस्म बेज़ुम्बिश(1) 1. बेहरकत
यूँ ख़ल्वतों(2) में कब तलक मातम मनायेंगे 2. एकान्त

तन्हाई के सहरा में बंज़ारों से बादल
होंगे राहत-ए-रूह या अरमाँ जगायेंगे

हाला ने उतारा है नदामत(3) का लबादा 3. शर्म खत्म होना
वो अपनी बेवफ़ाई के किस्से सुनायेंगे

था जश्न-ए-जुदाई तलक तो ठीक मगर वो
महफ़िल में ग़ैर की, मेरी ख़ामी गिनायेंगे

अर्श पे हैं आज जो बादल अज़ाब(4) के 4. पीड़ा
कल सहर(5) के सूरज का पसमंज़र(6) बनायेंगे 5. सुबह
6. बैकग्राउण्ड

तामीर करके ग़ैरों के ख़्वाबों के नशेमन(7) 7. घर
मज़दूर खुद को टूटे से हुज़रे(8) में पायेंगे 8. झोपड़ी

अब उड़ती कहाँ तितलियाँ, खिलते कहाँ गुल
हम और कायनात में क्या गुल खिलायेंगे

है कश्मकश मुफ़लिस को अमीरों का बुलावा
बेगरज़[9] यूँ चाय पे वो क्यों बुलायेंगे

9. बेमतलब

46

संदली है शाम तल्ख़ी को भुलाना चाहिये
हमको मनाना और तुमको मान जाना चाहिये

हिज्र में हो शायरी या अश्क या शराब
ग़म ग़लत करने का कोई तो बहाना चाहिये

है ग़ैरों के नक्शेकदम पे चलने से गुरेज़
बंज़ारामिजाज़ी को रस्ता अनजाना चाहिये

उमरदराज़ हैं तो हो सादादिली फ़ितरत
होना जवाँ धड़कन को ज़रा शायराना चाहिये

लगने लगा है बोझ ग़र नकाब-ए-शराफत
तो आपको आवारग़ी को आज़माना चाहिये

करती शिकस्ता हैं भले नाकाम कोशिशें
हों बेनतीजा फिर भी इन्हें दोहराना चाहिये

दूर तुमसे है अग़र साया-ए-तारीकी
हो मुख़ातिब नूर के तो मुस्कुराना चाहिये

बेहतर यही है दीजिये हसरत को परवाज़े
मशवरे का ग़ैर के क्यों कैदखाना चाहिये

दंगे, फरेब, झूठ के हैं सारे कारोबार
शहर को चैनो-अमन का कारखाना चाहिये

गुफ़्तगू में कुछ गिले-शिकवे भी हैं मुमकिन
ख़ामोशी के दर को मगर खटखटाना चाहिये

रोशनी और खुशबुयें हमराह हैं इसकी
बाद-ए-सबा[1] को खिड़कियों से आना-जाना चाहिये — 1. सुबह की ठंडी हवा

शब घनी हो और हो सन्नाटों का जलसा
हो मुनव्वर[2] रूह यूँ दीया जलाना चाहिये — 2. रोशन

पंख हैं, परवाज़ है, है अज़्म[3] और जज़्बा — 3. संकल्प
नचीज़ संमदर के तुमको पार जाना चाहिये

शाम-ए-उदास का सबब है एक नया ग़म
सर टिकाने को मग़र शाना[4] पुराना चाहिये — 4. कंधा

नेकियों को ग़र मुसलसल[5] ठोकरें मिलें — 5. लगातार
तो आपको अच्छाइयों से बाज़ आना चाहिये

47

पुरसुकूँ ये शाम-ए-ग़मगीन क्यों है
सुलझेंगी सारी उलझनें यक़ीन क्यों है

है अचंभा शहर के हालात पर
हर शख़्स बेजज़्बात क्यों, मशीन क्यों है

अब तो आस्तीनें हैं उनका पता
अब सपेरे, बाँबियाँ और बीन क्यों हैं

हायतौबा और मज़मा लाश पर
भीड़ मुद्दों पे तमाशबीन क्यों है

क़ातिलाना लगते हैं बरहम[1] होकर — 1. नाराज़
बेरूखी भी उनकी यूँ हसीन क्यों है

अपना गिरेबाँ झाँकिये, ऐब देखिये
आपके हाथों में दूरबीन क्यों है

शहर में बेपैरहन[2] फिरती है गुरबत — 2. निर्वस्त्र
आसमाँ छत, आशियाँ[3] ज़मीन क्यों है — 3. घर

उसको बदलना चाहिये हालात को
खुद को बदलके वो मुतमईन[4] क्यों है — 4. संतुष्ट

चारागरी करके रहे गुमनाम हम
वो कत्लोग़ारत करके नामचीन[5] क्यों है — 5. प्रसिद्ध

आब[6] पीता है वो मीठे दरिया का — 6. पानी
फिर समंदर आज भी नमकीन क्यों है

48

शर्मो-हया से इतनी भी निस्बत[1] नहीं है
उनको सवाल-ए-वस्ल[2] पर हैरत नहीं है

इब्तिदा-ए-इश्क[3] तो तुम चाहते हो
जाने की कू-ए-यार[4] में कुव्वत[5] नहीं है

है अधूरा तो समझिये इश्क है ये
ग़र मुक़म्मल है तो ये उल्फ़त नहीं है

शामिल वज़ूद में हुई है एक सूरत
भूलने की अब कोई सूरत[6] नहीं हैं

क्यों न हों मग़रूर ये आईनाख़ाने
यार को आईनों से फ़ुर्सत नहीं है

हम न कर पाये बयाँ जज़्बात उनसे
वो करें इन्कार ये नौबत नहीं हैं

है मुकद्दर में कहाँ जानाँ की कुर्बत[7]
है सितम, तन्हाई की आदत नहीं है

जीना मुहाल है बिना इज़हार के भी
हाल-ए-दिल बयाँ करें हिम्मत नहीं है

बंदगी होती अगर शहज़ोर[8] होते
हो मुहज़्ज़ब[9] इसलिये इज़्ज़त नहीं है

1. सम्बन्ध
2. प्रेम आग्रह
3. प्यार की शुरुआत
4. यार की गली
5. हिम्मत
6. उपाय
7. नज़दीकी
8. ताकतवर
9. सभ्य

उनकी हिज़रत[10] से शहर बेज़ार है ये 10. जाने से
पहले सी आबो-हवा दिलकश नहीं है

इंसानियत का क्या शहर में मोल होगा
जब यहाँ इन्सान की कीमत नहीं है

दौलत से ज़्यादा हुनर को तरजीह दे
शहर की फ़िलहाल ये सीरत[11] नहीं है 11. स्वभाव

49

तबीयत क्यों उदास है यारो
आम होना भी खास है यारो

फ़रेब है ये आलीशाँ इमारत
सुकूँ झोपड़ के पास है यारो

कभी अना से कभी अनबन से
राब्ते में खटास है यारो

अभी साया है सायबाँ के संग
रोशनी आसपास है यारो

टूटा हूँ मगर बिखरा नहीं हूँ
दिल पे दस्तक की आस है यारो

भले दरपेश[1] है सहरा-ए-फुर्कत[2]
मगर कुर्बत[3] की प्यास है यारो

शफ़्फ़ाक[4] है कहाँ किरदार उसका
फ़क़त कोरा लिबास है यारो

1. सामने
2. विरह का रेगिस्तान
3. नज़दीकी
4. उजला

50

शौक-ए-उल्फ़त न शगल[1] उनको निगाहों का है फ़क़त गुनाह यही बेगुनाहों का	1. शौक
मंज़िल नहीं पड़ाव था साया-ए-शज़र[2] पर लगा हूँ लुत्फ़ लेने इन पनाहों का	2. पेड़ की छाया
लगती हैं इनकी दुआयें बद्दुआओं सी हूँ परेशाँ क्या करूँ इन ख़ैरख़्वाहों का	
साथ आ शाना-ब-शाना[3] तेग[4] लेके तू जंग में क्या काम है तेरी सलाहों का	3. कंधे से कंधा मिलाकर 4. तलवार
देख तुझको बज़्म में वो मुस्कुराया यूँ राज़दाँ[5] हो गोया[6] तेरे सब गुनाहों का	5. राज़ जानने वाला 6. जैसे
नौजवाँ भी जायेंगे दैरो-हरम[7] अगर फिर पुर्सिश-ए-हाल[8] कौन ऐशगाहों का	7. मंदिर-मस्जिद 8. हाल पूछने वाला
हाँ लगे बीनाई[9] पे हैं इश्क के जाले जी का है जंजाल कफ़स तेरी बाहों का	9. नेत्रज्योति
कानून की आँखों पे लगी है अभी पट्टी क्या करेगा मुद्दई[10] अब इन गवाहों का	10. वादी
रतजगों, बेचैनियों से रूबरू होगा तू ज़रा ऐतबार कर इतना तो चाहों[11] का	11. चाहतों

आ गया है जब यहाँ तो पहन ये जंतर[12] 12. ताबीज़
है शहर आसेबों[13] और कब्रगाहों का 13. प्रेतबाधा

प्यास से हलाक़[14] हुये रेग़ज़ारों[15] में 14. मृत्यु
था तजुर्बा हमको कहाँ कत्लगाहों का 15. रेगिस्तान

51

हलाक[1] हम हैं, ऐतबार आया
संगदिल[2] को भी हमपे प्यार आया

1. मोहित
2. पत्थरदिल

बज़्म-ए-दिल से गया तपाक से था
लौटकर होके बेक़रार आया

गले लगें कि जंग फ़रमायें
आज बनके रक़ीब[3] यार आया

3. दुश्मन

एक सैलाब लिये फ़िरता था
आख़िरश रो के ज़ार-ज़ार आया

वो हमें देख सोचता होगा
फिर कोई ग़म का तलबग़ार आया

देखा घुटनों पे जो अना-ए-रक़ीब[4]
बाज़ी जीती हुई मैं हार आया

4. दुश्मन का स्वाभिमान

सिसकियाँ, सोज़[5], घुटन और आँसू
देखो क्या जिस्म का बाज़ार आया

5. पीड़ा

मज़हबी ज़हर है तक़रीरों[6] में
दवा दो फिर कोई बीमार आया

6. भाषण

चाय की चुस्कियों के संग पढो
वादी-ए-ख़ौफ़ में अख़बार आया

मुनादी[7] ख़ुशबुओं की करवाओ
महफिल-ए-शब में हरसिंगार आया

आम बौराया[8] है ख़ुमारी से
क्या मौसम फिर खुशग़वार आया

है तअज्जुब कि इस तलातुम[9] से
सफ़ीना लेके मांझी पार आया

7. घोषणा
8. फूल आना
9. ऊंची लहर

52

कोई चारागर कोई मरहम नहीं
हैं शिकस्ता[1] पर कोई मातम नहीं — 1. हारे हुये

बेवज़ा, बेवक्त है बेज़ार[2] जो — 2. दुखी
हमसा हममें कोई है हम नहीं

जलवों का ये ज़ुल्म भी कुछ कम नहीं
शबनमी है ज़ुल्फ लेकिन ख़म[3] नहीं — 3. घुमावदार

करते हैं वादा मनायेंगे तुम्हें
रूठना है ठीक पर हरदम नहीं

ग़र तज़ुर्बा इश्क का तुमको है तो
बाजी-ए-जाँ[4] में कोई जोख़िम नहीं — 4. जान की बाज़ी

चाहते हैं दिल करे यकीन अब
चाहतों का शहर में मौसम नहीं

इसको क्या समझें कि अब वो रब्त में — 5. भावशून्य
है ज़रा बेहिस[5] मगर बरहम[6] नहीं — 6. नाराज़

इस उम्मीदे-बेज़ा[7] को समझाये कौन — 7. बेवज़ह उम्मीद
अब दयार-ए-दिल में वो हमदम नहीं

हो गई बेतख़्त दिल की सल्तनत
इस किले पर अब कोई परचम[8] नहीं — 8. झण्डा

तौर-ए-उल्फ़त[9] वो सिख़ायेंगे हमें — 9. प्यार करने का तरीका
हिज़्र में भी जिनकी आँखें नम नहीं

है अज़ब कि कहकहे ख़ामोश हैं
हो समाँ ग़मग़ीन हमको ग़म नहीं

हर बदी[10] के बदले जो नेकी करे — 10. बुराई
है फ़रिश्ता वो कोई आदम नहीं

यूँ तो नाकामी की वज़हें हैं कई
उनकी कमज़र्फ़ी[11] भी लेकिन कम नहीं — 11. कम हौसला

है निशाना और मेरा शाना[12] भी है — 12. कंधा
और है बंदूक पर दमख़म नहीं

है अंधेरी शब बहुत कोहरा घना
पर उम्मीद-ए-सहर[13] हमको कम नहीं — 13. सुबह की उम्मीद

53

था कल तलक जो वही आज है
नज़ाकत वही वो ही अन्दाज़ है

हम हैं ख़फ़ा तो सबब[1] हैं कई — 1. कारण
वो आदतन हमसे नाराज़ है

सहरा की हसरत तो वाज़िब[2] है पर — 2. उचित
दरिया क्यों शबनम का मोहताज है

जुदाई की रूत है मैं हूँ अनमना[3] — 3. बेचैन
तबीयत फ़िज़ा की भी नासाद[4] है — 4. बेचैन

पहले-पहल मुझको अपना कहा
जर-ऐ-ज़ीस्त[5] ये तेरा अल्फ़ाज़ है — 5. जीवन की दौलत

ये दासताँ भी है दिलकश बहुत
अफ़साने में एक मुमताज़ है

तेरी कमसिनी[6] का है कायल हुज़ूम — 6. नवयौवन
तुझको भी क्या हुस्न पर नाज़ है

कभी ख़ुशबुओं का वो पैकर[7] लगे — 7. आकृति
कभी घूँघरूओं की वो आवाज़ है

अब भी है लुत्फ़-ए-असल[8] मैक़शी — 8. असली मज़ा
तेरी याद उसका फ़क़त ब्याज़ है

इल्ज़ाम सय्याद[9] पर हो भले
परिन्दों का कातिल मग़र बाज़ है

9. शिकारी

असर बद्दुआ का दवा बेअसर
तबाही का शायद ये आग़ाज़[10] है

10. शुरूआत

सरग़ोशी[11] है चाँद की तारों से
तारीकियों[12] का वो हमराज़ है

11. फुसफुसाना
12. अंधेरा

समंदर है तूफ़ाँ से सहमा हुआ
लहर भी किनारे पे बेसाज़[13] है

13. बिना संगीत

पर हैं परिन्दों के पर जाने क्यों
ना हौसला है न परवाज़[14] है

14. उड़ान

कल भी बुलंदी पे था मर्तबा[15]
वही शानो-शौक़त तेरी आज है

15. पदवी

मुलम्मा[16] तबस्सुम[17] का चेहरे पे है
फ़ितरतन वो अब भी दग़ाबाज़ है

16. सोने का पानी लेपना
17. मुस्कान

उम्मीदों का कासा[18] न हाज़त[19] कोई
कलंदर[20] है वो शाह-ए-बेताज[21] है

18. भिक्षापात्र, 19. ज़रूरत
20. फ़कीर
21. बेताज बादशह

54

अब कहाँ हैं पहले सी तैयारियाँ
रौनक-ए-त्योहार ना त्योहारियाँ[1]

1. आश्रितों/बच्चों को त्योहार पर दिया जाने वाल धन

दश्त में खिलना फ़क़त हसरत रही
हैं मयस्सर[2] अब गुलों को क्यारियाँ

2. नसीब

आरज़ू कूचा-ए-जाँ[3] की है अगर
कूच करने[4] में हैं क्या लाचारियाँ

3. यार की गली
4. निकल पड़ना

अब मरासिम कैसे होगा जावेदाँ[5]
मामला-ए-दिल में हैं बेदारियाँ[6]

5. शाश्वत
6. सजग होना

नख़रे उठाने में बड़ा लुत्फ़ था
रहतीं कुछ दिन और ये बेगारियाँ[7]

7. बिना वेतन कार्य

थी कभी गौहर[8] सी ये शर्म-ओ-हया
ख़ाली पड़ीं हैं कब से ये अलमारियाँ

8. रत्न

है कहाँ हर्फ़ों[9] में वो यलगार[10] अब
अब कहाँ आँखों में वो चिंगारियाँ

9. शब्दों, 10. इंकलाब

सच्चाईयाँ, ग़ैरत, शराफ़त और उसूल
अब कहाँ लोगों को ये बीमारियाँ

है चलन मौकापरस्ती आजकल
बात कल की हो चुकीं खुद्दारियाँ

जब ज़हानत[11] काम न आये कहीं
काम आयेंगी वहाँ अय्यारियाँ[12]

11. बुद्धिमानी
12. धोख़ेबाजी

ज़ुल्म को, ज़ुल्मी को अब पहचानिये
फ़ाश[13] हो अब, ना कि पर्दादारियाँ

13. प्रकट करना

अब मुकद्दर हो चलीं हैं सिसकियाँ
ग़म तो हैं लेकिन कहाँ गमख़्वारियाँ[14]

14. हालचाल पूछने वाला

55

लम्हा-लम्हा ये बीतता क्या है
लापता माज़ी[1] का पता क्या है — 1. अतीत

अभ्र[2] के तारे तो सलामत हैं — 2. आकाश
शब-ए-फ़ुर्क़त[3] में टूटता क्या है — 3. विरह की रात

तेरी हिज़रत[4] से याँ[5] वीराना था — 4. पलायन, 5. यहाँ
दिल-हवेली में चीख़ता क्या है

ग़ुरूर टाँग बाहर खूँटी पर
आजा हुज़रे[6] में सोचता क्या है — 6. झोपड़ी

न कोई रब्त[7] उस गली से अब — 7. सम्बन्ध
शहर छोड़ूँ तो छूटता क्या है

जंग दुनियाँ की जीत ली यूँ तो
मगर जलसे में शिकस्ता[8] क्या है — 8. हारा हुआ

दीवार-ए-दिल पे ये सीलन कैसी
अबके सावन में भीगता क्या है

मेरी उल्फ़त परखना चाहता है
हर घड़ी तुझको सूझता क्या है

नूर देने को चाँद बेकल[9] है
इसके बदले उसे अता[10] क्या है

9. बेचैन
10. ईनाम

आबो-दाना बहुत है पिंजरे में
अब परिन्दे को सालता[11] क्या है

11. कसक होना

न सफ़ीना[12] न आफ़ताब[13] हूँ मैं
मेरे अन्दर ये डूबता क्या है

12. कश्ती, 13. सूरज

बस जुदाई का सबब[14] पूछा है
ख़ता बता, यूँ देखता क्या है

14. कारण

56

बारहा[1] दोहराने से आदत कोई पलती है
है उज़्र-ए-बद्ज़ुबानी[2], ज़ुबाँ है फिसलती है

खुशफ़हमियाँ[3] न हों कि हरदम रहेंगी खुशियाँ
ये धूप छाँव दोनों इक संग में चलती है

यूँ सदमे के तेवर थे कि जान मेरी जाये
पर जान की फ़ितरत है इकदम न निकलती है

थका-थका सा हूँ मैं, धुआँ-धुआँ शहर है
रानाई[4] शहर की भी मेरे साथ ही ढलती है

दुश्वारियाँ हों हर पल, हालात हों मुश्किल ग़र
यूँ तर्बियत[5] कोयले की हीरे में बदलती है

ज़ेहन को चाक[6] करता उनका ख़्याल फिर से
फिर दिल के मुहल्ले में हसरत क्यूँ टहलती है

ख़्वाबों के दयारों में शादाबियाँ[7] हैं शब भर
सहरा में हकीकत के बंज़र ज़मीं जलती है

तुर्बत[8] पे दश्त[9] की ही तामीर[10] ये शहर है
आबो-हवा शहर की चिमनी ये निगलती है

1. अक्सर
2. बद्ज़ुबानी का बहाना
3. गलतफ़हमी में खुश रहना
4. सुन्दरता
5. परवरिश
6. चीरता
7. हरियाली
8. कब्र, 9. जंगल
10. निर्मित

वो हमसे जुदा होके गैरों को मयस्सर[11] हैं — 11. प्राप्त होना
हाथों की लकीरें भी अब हाथों को मलती[12] है — 12. पछताना

रहते हैं यूँ तो उलझे घड़ियों से कैलैंण्डर से
ख़ल्वत[13] में मगर हमको तेरी कमी खलती है — 13. एकाँत

57

मैं लड़खड़या तो वो ख़ुशगुमान[1] रहे हैं
मुझको गिराने की रक़ीब[2] ठान रहे हैं

हालात ने लगवाये हैं हमसे भी मज़में[3]
बनकर मदारी हम भी ख़ाक छान रहे हैं

लगता नहीं दौलत इन्हें पुश्तैनी मिली है
ये लोग पसमंज़र[4] में बेईमान रहे हैं

नुक्ताचीं[5] नहीं की तो समझो है गनीमत
दस्त-ए-यारी[6] का सबब हम जान रहे हैं

बेहिसाब थी जिन्हें दौलत की हवस कल
दौलत की बेशुमारी से हलकान[7] रहे हैं

वो ज़हीन[8] थे मेरे जज़्बात से खेले
हम अहले-वफ़ा[9] होके परेशान रहे हैं

दरबानी आईनों की मिली पथ्थरों को फिर
आईनाख़ाने देर तक हैरान रहे हैं

बिछड़कर डाली से खोईं रंगत-ओ-ज़ीनत
यूँ ही नहीं गुल रौनक-ए-गुलदान रहे हैं

1. व्यर्थ आशावादी
2. दुश्मन
3. भीड लगाकर तमाशा दिखाना
4. पर्दे के पीछे
5. टिप्पड़ी
6. दोस्ती का हाथ बढ़ाना
7. परेशान
8. समझदार
9. प्यार निभाने वाले

वादी में धुंधलका है मद्धम है आफ़ताब
दश्त सन्नाटों की चादर तान रहे हैं

मुरली की धुन पे धड़कनें बेइख़्तियार[10] हैं — 10. वश में नहीं
प्रेम में मीरा रहीं रसखान रहे हैं

मर्तबा[11] ऊँचा भले मिलते हैं बाअदब — 11. पद
सादादिली पे उनकी हम कुरबान रहे हैं

ना पोछे आँसू और ना ही पूछी ख़ैरियत
हिज्र में भी उनके कुछ अहसान रहे हैं

थे जवाँ तो थी हमें उल्फ़त में लज़्ज़तें
आजिज़[12] पड़ोसी हमसे मेरी जान रहे हैं — 12. तंग होना

उसने छोड़ा हाथ जब बेवक्त[13] तो जाना — 13. असमय/
हम वक्त काटने का बस सामान रहे हैं — अचानक

तिश्नगी होठों पे लेके भटके दरबदर
सहरा के हम भी कुछ दिनों मेहमान रहे हैं

ख़ामोशी देखिये न वीरानी पे जाइये
थीं बस्तियाँ याँ[14] भी कभी इंसान रहे हैं — 14. यहाँ

मूरत में ढल के जब वो मुस्कुराई तो जाना
इन मिट्टियों के दिल में भी अरमान रहे हैं

बाबा का लाड़ और वो अम्मा की लोरियाँ
कुछ मरासिम[15] ज़ीस्त की पहचान रहे हैं 15. रिश्ते

58

मोजज़े[1] देखिये नज़ारों के
गुलाब हमनफ़स[2] हैं ख़ारों के

1. जादू
2. अंतरंग मित्र

देखिये दरिया की दरियादिली भी
उठाये नाज़[3] आबशारों[4] के

3. नखरे, 4. झरना

दिखाये कश्ती को तूफ़ाँ ने तेवर
उड़े क्यों होश हैं किनारों के

काफ़िले के रहे सहरा में मुर्शिद[5]
तज़ुर्बे देखिये सितारों के

5. मार्गदर्शक

फ़िज़ा, मौसम, वक्त और खुशियाँ
ठौर होते कहाँ बंज़ारों के

दरमियाँ बात तेरे मेरे थी
कान शायद थे इन दीवारों के

ज़ुदाई पे मलाल करते हो
ज़वाब देने थे पुकारों के

हसरतें शहर जलाने की हैं
हौसले देखिये शरारों[6] के

6. आग

नूर फैला तो ज़र्द चेहरे हैं
तारीकियों[7] के पैरोकारों के — 7. अंधेरों

संभाला होश चले हैं तबसे
बिना रहबर[8] के, बिन सहारों के — 8. मार्गदर्शक

ईमाँ-ग़ैरत सभी तो गिरवी है
हाल ना पूछिये इज़ारों[9] के — 9. किराये पर देना

ख़ामियाँ ख़ुद के नज़रिये में थीं
नुक्स[10] गिनते रहे नज़ारों के — 10. कमी

बज़्म में आज भी ख़ुदग़र्ज़ों[11] की — 11. मतलबी लोग
चर्चे होते हैं ख़ाकसारों[12] के — 12. विनम्र लोग

सज़ा रक़ीब[13] की मुक़र्रर[14] है — 13. दुश्मन
माफ़ सौ खून दोस्त यारों के — 14. निर्धारित

59

उनकी निगाहों के पैग़ाम से
हमको लगा दिल गया काम से

मोहब्बत का मौज़ूँ[1] है गहरा बहुत
लगाओ न अन्दाज़ा उन्वान[2] से

चुहलियाँ[3] तेरी खट्टी इमली सी हैं
रसीले तेरे हर्फ़ हैं आम से

अब तक तो मय का नहीं है सुरूर
तवक्को[4] है बस आख़िरी जाम से

हम मुंतज़िर[5] हैं शब-ए-वस्ल के
बड़ी बेकली है सरेशाम से

दिन की थकन की ख़ुमारी लिये
उतरता है सूरज तेरे बाम[6] से

बेताबी, बेज़ारी बेइंतहाँ
वाकिफ़ कहाँ था मैं अंजाम से

तमाशा मेरा भी बना आख़िरश[7]
नामवर[8] हूँ जुड़के तेरे नाम से

तपता हुआ सहरा दरपेश[9] है
मेरा रब्त था शाम-ए-गुलफ़ाम[10] से

1. विषय
2. शीर्षक
3. दिल्लगी
4. उम्मीद
5. प्रतीक्षारत
6. छज्जा
7. आख़िरकार
8. प्रसिद्ध
9. सामने
10. गुलाबी शाम

उसने लगाई है तोहमत अगर
कहाँ अब शिकायत है इल्ज़ाम से

तुर्बत(11) मिली, चाह गज़रे की थी
है हमदर्दी उस गुल-ए-नादान से

11. कब्र

60

कल तलक अमन था, ये कैसी अदावत[1] है
ज़िन्दों की नहीं कीमत लाशों पे सियासत है

था रौशनी का ज़िम्मा दहलीज़ के दिये को
हुज़रे[2] को जलाने की किसने दी इज़ाज़त है

है ज़रा अजब ये, हर शख़्स की जुबाँ पे
बारूद की वकालत शोलों की हिमायत[3] है

वो खुशनुमाँ शहर अब बस राख़ और धुआँ है
ये आँधियों की शह पे लपटों की इबारत है

हैं मुतमईन[4] कौमें दैरो-हरम[5] से अपने
दूजे के रिवाज़ों से क्यों इतनी हिकारत[6] है

वतनपरस्ती[7] शामिल नहीं निसाब[8] में क्यों
कमज़ोर नींव पे क्यों तामीर इमारत है

अन्जान से हाथों की, आवाम है कठपुतली
सहने की ज़ुल्म आदत, ज़ुल्मी की इबादत है

पंखों पे ऐतबार ना परवाज़ का भरोसा
कश्ती के परिन्दे को मस्तूल[9] की आदत है

1. दुश्मनी
2. झोपड़ी
3. पक्ष लेना
4. संतुष्ट
5. मंदिर/मस्जिद
6. नफ़रत
7. देशभक्ति
8. पाठ्यक्रम
9. कश्ती के पाल की लकड़ी

हरदम रहे ठिठकते ज़ुल्मी की ठसक[10] से जब
मौज़ूदा हालातों से क्यों तुमको शिकायत है

हो वारदात कोई, है एक दिन की सुर्ख़ी
हर वाक़या भुलाना शहरों की रिवायत है

10. अभिमान

61

सहर[1] का आगाज़ ही शब का उतार है
क्यों जीत एक शै की, दूसरे की हार है

वो रोटियाँ देता तो है गरीब को मग़र
नेकी की नुमाइश में हर मददगार है

ऐलान-ए-अमन हो चुका इमरोज़[2] जंग में
फिर क्यों रक़ीब[3] देता तेगों[4] पे धार है

क़ातिल, फरेबी, झूठे भी दिखते हैं शाइस्ता[5]
शहर-ए-शराफ़त का ज़रा बदला मेयार[6] है

मसरूफ़[7] हैं रईस बस भरने में तिज़ोरी
बेआब[8] हैं बादल तो ये प्यासा दयार[9] है

यूँ तो है वाइज़[10] का भी हाला से राब्ता[11]
वो मग़र तकरीरों[12] में रंगा सियार है

साँप पाला था और ये पाला था वहम
मैं नहीं कोई और शै इसका शिकार है

ख़ानाख़राब[13] होने को वो ढूँढते हैं इश्क
इश्क को लेकर जिन्हें गफ़लत हज़ार है

1. सुबह
2. आज
3. दुश्मन
4. तलवार
5. सभ्य
6. मापदण्ड
7. व्यस्त
8. बिना पानी
9. देश
10. उपदेशक
11. संबंध
12. भाषण
13. बर्बाद

खेत हैं शादाब[14] तो फिर क्यों है भुख़मरी 14. हरेभरे
क्यों हुज़रे[15] में रोता ग़रीब ज़ार-ज़ार है 15. झोपड़ी

रसूख़ है हवेली के दरो-दीवार का
जो भी उठाये उँगली वो गुनेहगार है

मग़रूर है कोहसार[16] अर्श छूता है मग़र 16. पहाड़
ढकने को आबरू शज़र की दरकार है

हवेलियाँ बेफिक्र हैं दिलकश हैं बारिशें
झोपड़ मेरा टपकता है ख़बरदार है

अब भी खुले कहाँ हैं रिवाज़ों के लंगर
कश्ती-ए-दिल पे मगर ख़्वाहिश सवार है

हौसला-ए-ज़ीस्त से हैरान हूँ मैं भी
अब किससे है उम्मीद किसका इन्तज़ार है

है अरसे बाद फिर से ये शाम खुशनुमाँ
हाँ फिर पुरानी यादों की बहती बयार[17] है 17. हवा

सोहबतों में सीखे सभी ऐब शौकिया
अब आदतों का हमपे हुआ इख़्तियार[18] है 18. नियंत्रण

है चलने से ज़्यादा उसे गिरने का तजुर्बा
खाये हैं इतने धोखे हुआ होशियार है

वो तेरे बोसीदा[19] से ख़त, तेरे दिये गुलाब
मुद्दतें गुज़रीं हैं खुशबू बरकरार है

19. जीर्ण शीर्ण

62

तू है पहलू में मगर चाहत पुरानी अब कहाँ
ज़िक्र-ए-उल्फ़त पे भी चेहरा ज़ाफ़रानी[1] अब कहाँ 1. केसरिया

दौर-ए-नाराज़ी है ये, तल्ख़ियाँ हैं दरमियाँ
अब कहाँ सुननी मेरी, अपनी सुनानी अब कहाँ

पहरों सुनते थे कभी उस लब-ए-ख़ामोश को
कानों में मिसरी के जैसी बेज़ुबानी अब कहाँ

अब कहाँ दौर-ए-ख़ुमारी और हाला-ए-निगाह
कब के छूटे मैक़दे वो मय पुरानी अब कहाँ

रहते थे पलकें बिछाये जान-ए-जानाँ के लिये
ज़ीनतों की, खुशबुओं की आगवानी[2] अब कहाँ 2. स्वागत

था कभी हर रंजो-ग़म में मेरा काँधा उनका सर
शानों[3] पे तमगे के जैसी मेहरबानी अब कहाँ 3. कंधा

कल नहीं था छोड़ता वो मुझको मेरे हाल पर
टूटते तारे को शब की पासबानी[4] अब कहाँ 4. सुरक्षा

63

दरिया की वुसअत[1] की बातें एक तरफ
हिज्र में अश्कों की बरसातें एक तरफ़

एक तरफ हैं इंकलाब के तौर सभी
और अदीब[2] की कलम-दवातें एक तरफ़

एक तरफ सब तश्नालबी सहराओं की
रिन्द की हाला से मुलाकातें एक तरफ़

एक तरफ हैं ख़लिश[3], मलाल और सब ग़म
बिन तेरे गुज़री जो रातें, एक तरफ़

एक तरफ दुनियाँ की सारी शतरंजें
और इश्क की शह और मातें एक तरफ़

1. विस्तार
2. शायर
3. कसक

64

हासिल आबो-दाना[1] है
पर वर्जिश[2] रोज़ाना है

थाड़ा तो कम करें तनाव
सरहद को समझाना है

बाम-ओ-सहन[3] की रौनक हैं
चिड़ियों का शुकराना है

महफ़िल अब तक़मील[4] हुई
साकी है, पैमाना है

बहुत हुआ अब कार-ए-सवाब[5]
पास ही इक मैखाना है

ज़फा की लग्ज़िश[6] जाने है
वो भी इक दीवाना है

झुलसा शमा-ए-महफ़िल से
बेज़ुम्बिश[7] परवाना है

मकाँ-ए-दिल मिस्मार[8] हुआ
तब से याँ वीराना है

1. रोज़ी रोटी
2. अभ्यास
3. छज्जा और आँगन
4. पूर्ण
5. पुण्य का काम
6. ठोकर
7. बिना हरकत
8. ध्वस्त

ज़ुर्म का बाकी नहीं सुराग
हाथों में दस्ताना है

लुत्फ़ है रक़्स[9] में मिट्टी को
कूज़ागर[10] ने माना है

अश्क, बेबसी और फाँके[11]
मुफ़्लिस का अफ़साना है

है दस्तूर[12] अजब गुल का
ख़िज़ा में भी मुस्काना है

9. नृत्य
10. कुम्हार
11. भूखे रहना
12. नियम

65

मुब्तला[1] खुद में कभी खुद से ख़फा रहते हैं — 1. व्यस्त
मेरी सुनते हैं कहाँ, अपनी कहाँ कहते हैं

कितना आबाद था अरमाँ का नशेमन कल तक
मकाँ दरकता है, दरो-दिवार ढहते हैं

परिन्दे होते तो हवा को आँख़ दिखलाते
चराग़-ए-शब हैं तो आँधी के तंज़ सहते हैं

जज़्ब ताज़िन्दगी उसने किया सैलाब-ए-ग़म
क्या तअज़्ज़ुब कि अब आँखों से अश्क बहते हैं

न लियाकत[2] न तजुर्बा छटाँक भर का है — 2. काबिलियत
खुद को ऐसे भी शै उमरदराज़ कहते हैं

हाज़त[3] ज़हर की, काँटो की न रक़ीबो[4] की — 3. ज़रूरत
छुपे आस्तीनों में ऐसे भी यार रहते हैं — 4. दुश्मन

66

संगदिल[1] फ़िर कोई सितम कर ना
आज भर जायेगा ज़ख़्म[2] वरना

1. पत्थरदिल
2. जख़्म

इतनी तफ़्तीश[3] से तौबा करिये
झूठी खायेगा वो कसम वरना

3. पूछताछ

बेवफ़ाई पे रहे पर्दादारी
टूट जायेगा ये भरम वरना

रूबरू मेरे ही बेबाक है वो
आती उसको भी है शरम वरना

फ़लसफ़ा जीने का तू है हमदम
समझ पाते कहाँ मरम[4] वरना

4. मर्म

रूह शामिल हो रब्त में जानाँ
हासिल-ए-इश्क है जिसम[5] वरना

5. जिस्म

मरासिम[6] इश्क में तब्दील हो अब
ये रस्मोराह[7] है रसम वरना

6. रिश्ता
7. मेलजोल

न यूँ तफ़्तीश हो अदालत में
मुद्दई[8] जायेगा सहम वरना

8. शिकायतकर्ता

तू न मज़लूम से निगाह मिला
यूँ न कर पायेगा सितम वरना

आज समझे कि जावेदाँ नहीं शब
हुआ तारों को था वहम वरना

चराग़-ऐ-नादाँ को महफ़ूज़ रखो
हवा के बढ़ते हैं कदम वरना

लिखो तो हर्फ़े-इन्कलाब[9] लिखो
रहे ख़ामोश ये कलम वरना

या निगहबान[10] हो साया-ए-शज़र
सहो आफ़ताब के ज़ुलम वरना

ढूढिये शाद[11] लम्हे-लम्हे में
मिलेगा आलम-ए-अलम[12] वरना

9. इंकलाब के शब्द
10. रक्षक
11. खुशी
12. दुख का संसार

67

नुकसान कितना हो चुका आदत पुरानी से
अब तो बाज़ आईये शोला बयानी[1] से — 1. भड़काऊ भाषण

ख़त्म रंजिशें हुईं, हुये उमरदराज़
सिर्फ झगड़ा रह गया अब साँस फ़ानी[2] से — 2. नश्वर

अंदेशा है कि खुद ही वो किरदार हैं इसके
वरना न होता रंज[3] उनको इस कहानी से — 3. दुख

हर बरस वो चढ़ रही तालीम की सीढ़ी
कोहसार[4] सी उम्मीदें हैं बिटिया सयानी से — 4. पर्वत

पथ्थर नहीं किताब चुनें खुद ही नौजवाँ
दंगा-फ़साद ना हो अब खूँ की रवानी[5] से — 5. बहाव

इन्साँ पे आज़माते हैं तलवारबाज़ी आप
वरना गुरेज़ किसको शौक-ए-ख़ानदानी से

जैसे हैं माहताब से ही शब की रौनकें
है चमन गुलज़ार, गुल की मेहरबानी से

बेड़ियाँ कभी तो कभी कैद क़फ़स[6] की — 6. पिंजरा
हमको है ऐतराज़ इस निगेहबानी[7] से — 7. देखभाल

आजकल है ज़ीस्त बिन पतवार की कश्ती
थी तवक्क़ो[8] कल तलक इस ज़िन्दगानी से

हमने ही उनको किया था मेहमाँ दिल का
अब परेशाँ हो गये हैं मेज़बानी से

8. उम्मीद

68

अदावत[1] का कुछ यूँ मिजाज़ होता
यारी का कल की लिहाज़ होता

होती शहर में खुशहाली इतनी
न गुरबत[2] को फ़ाँको[3] का रियाज़ होता

तेरी चारासाज़ी का होता मैं कायल
जो इस बेखुदी का भी इलाज़ होता

बस कामयाबी पे क्यों वाहवाही
कोशिशें गिनने का भी रिवाज़ होता

1. दुश्मनी
2. गरीबी
3. भूखे रहना

69

मेरी आदमीयत[1] का यूँ सिला देते हैं
मुआफ़ करते ही कोई गुल खिला[2] देते हैं

नामवर[3] होने को भले ख़ाक छानिये[4]
ख़ाक में मिलते ही लोग भुला देते है

ग़मज़दा रातों में अक्सर नाउम्मीद लोग
बहलाके हसरतों को जल्द सुला देते हैं

मिलाजुला ख़ुमार है मय और निगाह का
इतना मैं मैक़श नहीं जितनी पिला देते हैं

यूँ वायदों पे तेरे ऐतबार नहीं पर
ये दिले-नादाँ को ख़्वाहिश से मिला देते हैं

और तो क्या ही करेंगे जानाँ तेरे ख़्वाब
नींद को ये रतजगों का सिलसिला देते हैं

1. मानवता
2. परेशानी खड़ी करना
3. प्रसिद्ध
4. यहाँ वहाँ फिरना

70

चाँद फिर दरिया में गोते खा रहा है
मौज संग बेफ़िक्र बहता जा रहा है

दश्त को है शब सुनाती लोरियाँ और
इक तनावर[1] शज़र है इतरा रहा है — 1. मज़बूत

आबशार[2] की ख़ता को देखिये तो — 2. झरना
ये उनींदे गुलों पे गिरता रहा है

जुगलबंदी दादुरों[3] और झींगुरों की — 3. मेढक
शोर सन्नाटों को चीरता रहा है

मख़मली दूबों पे तितली दिलनशीं[4] है — 4. खूबसूरत
जुगनुओं का रात भर पहरा रहा है

बादलों पे तैरता सा कहकशाँ[5] है — 5. आकाशगंगा
और गिरता खुल्द[6] से कोहरा रहा है — 6. स्वर्ग

मातमी हूकों को सुनके गीदड़ों की
अनमना आसेब[7] भी जगता रहा है — 7. प्रेत

घोंसले की ख़्वाबगाहों[8] में परिन्दा
बारिशों के तंज को सहता रहा है

8. शयनकक्ष

दरपेश[9] सहर[10] है तो नशा तीरगी का
ताश की फ़सील[11] सा ढहता रहा है

9. सामने, 10. सुबह
11. दीवार

71

है ख़ुदकुशी जो चाक-जिगर[1] कर रहे हैं हम — 1. हृदय के घाव
ज़ख़्म को नासूर मगर कर रहे हैं हम

फ़िक्रमंद है शहर हुस्न-ओ-जमाल का
वेवज़ा ही उनकी फ़िकर कर रहे हैं हम

यूँ तो हादसा वो संग ले गया सब कुछ
ज़िन्दगी बाकी है शुकर कर रहे हैं हम

कब तलक करे कोई रहबर[2] की परस्तिश[3] — 2. मार्गदर्शक
हमसफर बिना ये सफर कर रहे हैं हम — 3. पूजा

मिलते हैं हाकिम[4] से, लिये नकली तबस्सुम[5] — 4. शासक
इन्साँ नहीं ओहदे की कदर कर रहे हैं हम — 5. मुस्कान

दश्त में सय्याद[6] के मुख़बिर हैं कुछ शज़र — 6. शिकारी
मासूम परिन्दों को ख़बर कर रहे हैं हम

जो भी है नुमायाँ है, असरार[7] नहीं कुछ — 7. रहस्य
काँच के मकाँ में गुज़र कर रहे हैं हम

72

राहे-उल्फ़त में तन्हाँ छोड़के जाने वाले
तूने कब सीख लिये तौर ज़माने वाले

हवाला हर दफ़ा हालात का दिया तूने
हुज़ूर साथ निभाते हैं निभाने वाले

दौलते-इश्क इकठ्ठा करो जवानी में
दिन लद जायेंगे पीरी[1] में कमाने वाले 1. बुढ़ापा

ज़र्फ[2] को तौलती हरपल है ये ज़िम्मेदारी 2. सहन शक्ति
हाल क्या होगा जो हैं नातवाँ[3] शाने[4] वाले 3. कमज़ोर
4. कंधा

आज ग़ाफिल[5] नही लगती है तबीयत-ए-जानाँ 5. बेफ़िक्र
जाने क्यों सहमे हैं बाहों में समाने वाले

आज माना काबिले-गौर है उनका किस्सा
किस्सा हो जायेंगे कल किस्सा सुनाने वाले

खोजिये तौर नाकदरी के कुछ नये फिर से
बेअसर हो गये सब तंज पुराने वाले

तीरगी[6] ज़ुल्फ़ खोले फ़िरती है हवेली में 6. अंधेरा
यहाँ तो रहते थे सूरज के घराने वाले

बदहवास फिरता है शहर में चैनो-अमन
क्या हुये गुमशुदा को रस्ता बताने वाले

मायने हैं जब सितम पे हो लालाकारी[7] 7. चिल्लाना
बहुत मिलेंगे यूँ तो शोर मचाने वाले

ज़ुर्रत करिये, मुस्कुराइये शहरे-ग़म में
ढूढ़ते रहिये शख़्स हँसने-हँसाने वाले

गौर से देखिये फिर शहर-ए-अदाकारी को
ग़मज़दा हैं नहीं सब अश्क बहाने वाले

कीमती चीज़ों को अक्सर नुमाया[8] करते हैं 8. प्रदर्शन
घर की बैठक को इश्तिहार बनाने वाले

बाकियों जैसे ही मौकापरस्त हैं ये भी
बड़ी संजीदगी से फ़िक्र जताने वाले

सरेशाम मिले आज फिर मैख़ाने में
मय को तक़रीरों[9] में हराम बताने वाले 9. भाषणों

फ़िक्रमंद थे तेरे, वो बैग़ैरत[10] नहीं थे 10. बेशर्म
तेरे इन्कार पे, ज़ानिब[11] तेरी आने वाले 11. ओर

73

ज़िन्दगी तुम्हारी भी हलकान[1] है क्या
हैं फ़क़त नाकामियाँ, आफ़त में जान है क्या

कभी इस गली में इक मुंतज़िर[2] मकाँ था
रहगुजर में अब वो गुमसुम मकान है क्या

सोचना है बेज़ा[3], आओगे वक्त पे तुम
वादाख़िलाफ़ी में ही इत्मिनान[4] है क्या

रूख़सती में उनको, देखें न हम पलटकर
ज़र्फ[5] का हमारे इम्तिहान है क्या

बहार, रंग, खुशबू, शोखी और ज़ीनत
संग गुल के आया ख़ानदान है क्या

रस्मोराह[6] में अब लगते हो बेतलब से
कोई तीसरा हमारे दरम्यान है क्या

दयार-ए-दिल यहाँ तो, वीरान हो गया है
दश्त-ए-दिल तेरा भी सूनसान है क्या

आहें नहीं पहुँचतीं कानों में हुक्मराँ[7] के
मज़लूम इस शहर में बेज़ुबान है क्या

1. बेहाल
2. प्रतीक्षा करने वाला
3. व्यर्थ
4. सुकून
5. सहनशक्ति
6. मेलजोल
7. शासक

सहमे हुये परिन्दे बेऐतबार क्यों हैं
सैय्याद[8] के हाथों में तीर-ओ-कमान है क्या 8. शिकारी

मौजूदगी का तेरी है ख़ौफ कहाँ उनको
शमशीर की जगह अब केवल म्यान है क्या

वाइज़ की बात मानो उल्फ़त से करो तौबा
प्याला-ए-ज़हर में भी, मय का गुमान[9] है क्या 9. वहम

74

ख़िजाँ के आने की कोई इत्तिला नहीं
पतझड़ से मग़र पत्तों को कोई ग़िला नहीं

ज़िन्दगी ने ग़म को किया बाअदब बरी
नसीब में नहीं था शाद[1] तो मिला नहीं 1. खुशी

वादी छोड़ दरिया समंदर से जा मिला
वादी की दरियादिली का ये सिला नहीं

इमरोज़ नामुमकिन है तुमसे रुबरू होना
नींद है ख़्वाबों का मगर सिलसिला नहीं

रंग-ओ-बू पे बंदिशें हैं यूँ तो शहर में
पर चमन में फूल कोई अधखिला नहीं

रहगुज़र है और हूँ फ़ितरत से मुसाफ़िर
है खुशनसीबी संग कोई काफ़िला नहीं

75

डूबने को यादों का हम्माम नहीं है
दिल मुंन्तज़िर अब तेरा सुबह-शाम नहीं है

सब मौसमों है बेकली दीदार-ए-यार की
अब हिज्र में बारिश फ़क़त बदनाम नहीं है

नज़रे-इनायत में भी अब दिखता है तक़ल्लुफ़
बख़्शीश सी लगती है ये ईनाम नहीं है

बेरूखी अब तो तेरी है दर्द का सबब
शुक्र है कि दर्द अब बेनाम नहीं है

हाँ आज फिर मुंडेर पे बैठा है परिन्दा
पर उसकी सदा में तेरा पैगाम नहीं है

बेलफ़्ज़ खड़ी फिर से कटघरे में रोशनी
तीरगी पे फिर कोई इल्ज़ाम नहीं है

सन्नाटा है फैला जमीं-ए-इंकलाब में
अबके है तअज्जुब कोई कोहराम नहीं है

हिज्र में आई समझ हर पल की अहमियत
शब कौड़ियों के भाव अब नीलाम नहीं है

सूखे शज़र को हर घड़ी कटने का है धड़का(1)
बूढ़ा दरख़्त होना भी आसान नहीं है

1. ख़ौफ़

76

मै उसकी बेवफ़ाई से हैरान नहीं था
वो भी ज़्यादा खुद पे पशेमान[1] नहीं था   1. शर्मिंदा

हम भले मकीं[2] नहीं थे उस मकान के   2. निवासी
उनका मकाँ-ए-दिल मगर वीरान नहीं था

लम्हा-ए-जुदाई में न हो चेहरे पे शिकन
बस इल्तिज़ा थी ये कोई फ़रमान नहीं था

वो गया जाती रही उस जिस्म की खुशबू   3. कुर्बत/पास में
कुर्ब[3] में अब वो बू-ए-लोबान[4] नहीं था   4. लोबान की खुशबू

जी रहे हैं पर कहीं भी जी नहीं लगता
दश्त-ए-दिल इतना कभी सुनसान नहीं था

हाँ हुआ है हिज्र[5] सोज़[6] का सबब मग़र   5. विरह, 6. कष्ट
उम्र भर का रब्त[7] भी आसान नहीं था   7. रिश्ता

तहज़ीब, अदब और शराफ़त थी दिखावा
वो रूह से इतना भला इन्सान नहीं था

ज़ीस्त के साहिल पे हैं शाइस्ता[8] सी मौजें[9]   8. सभ्य, 9. लहरें
तू गया तो अब कोई तूफ़ान नहीं था

किसने कहा नहीं हुई सुलह की कवायद
लेकिन कुबूल हमको अब एहसान नहीं था

आसान किसको होता है लम्हा-ए-रूख़सती
सो हमको भी जाना तेरा आसान नहीं था

तन्हाई में आराम तलब हो गया है दिल
अब जुस्तजू[10] तेरी, तेरा अरमान[11] नहीं था

दिल को गिनवाये तेरी कुर्बत[12] के ख़सारे[13]
खुद को तसल्ली देने में नुकसान नहीं था

रस्ते में मिला तेरा ही अन्जान हमशकल
ये रस्ता मग़र हमको अब अन्जान नहीं था

10. तलाश
11. चाहत
12. नजदीकी
13. घाटा

77

लड़खड़ाते पीरी की दहलीज़ पे हम क्या गये
हसरतें तो छोड़िये सब ख़्वाब भी मुरझा गये

थे जवाँ तो एहतराम करती थीं गलियाँ सभी
ज़ीस्त के कूचे से मग़र होके हम रूसवा गये

दौर था जब़ लुत्फ़ था किस्सा-ए-ज़ीस्त में हमें
अब घड़कनों की किस्सागोई से ज़रा उकता गये

घर का इक कोना मयस्सर[1] और सूखी रोटियाँ
सब अजब सी ख़ैरख़्वाही[2] से हमें बहला गये

1. नसीब
2. फ़िक्र करना

78

कोशिशें ढकने की हैं ज़ीनत नक़ाब से
महरूम[1] ही रख्खेंगे हमको माहताब से — 1. वंचित

सारा मसअला तो उनकी ख़ामोशी का है
कोई शिकायत थी कहाँ उनके इताब[2] से — 2. गुस्सा

जब दुहाई दी गई रस्मो-रिवाज़ की
लाजवाब[3] हो गया उनके जवाब से — 3. नि:शब्द

आज बेज़ारी में फिर से हो गया मैकश[4] — 4. शराबी
तौबा कर रखी थी वरना इस शराब से

ख़ार[5] से लहूलुहाँ हैं आज उँगलियाँ — 5. काँटा
यूँ तो कोई ग़ुरेज़[6] नहीं था ग़ुलाब से — 6. आपत्ति

ख़त्म होना चाहिये ये दौर-ए-बेखुदी
हो निज़ाद[7] अब सुरूर से शबाब से — 7. मुक्ति

79

गलती से ज़ुबाँ पे तेरा नाम क्या आया
अब ख़ामख़ाँ हर शख़्स की ज़ुबान पे हैं हम

देखो तुम्हारे वायदे का हश्र क्या हुआ
पर आज भी कायम उसी बयान पे हैं हम

तुमने किनारा कर लिया बीमार रब्त[1] से
पर गर्त में जाती उसी ढ़लान पे हैं हम

पार जिस निशान के है बाढ़ का ख़तरा
दरिया-ए-अश्क के उसी निशान पे हैं हम

तेरे रक़ीब अब से, मेरे रक़ीब हैं
अब तीर बनके तेरी, कमान पे हैं हम

हैं मुंतज़िर कि आये हममें शाइस्तगी[2]
फ़िलहाल तो दरिया हैं, उफ़ान पे हैं हम

1. रिश्ता
2. सभ्यता

80

इश्क में हमारा ज़र्फ[1] आज़माइये
आईना मेरी निगाह को बनाइये

1. योग्यता

आप भी मिलिये हमारी तश्नालबी[2] से
लज़्ज़त-ए-कुर्बत[3] से हमें भी मिलाइये

2. प्यास
3. नज़दीक होने का सुख

खुदकुशी की आजकल हमको है तलब
चाहते हैं हम कि आप हमको चाहिये

बेकली की दीजिये मुख़्तसर[4] वज़ह
दिल की बज़्म में कोई शम्मा जलाइये

4. छोटी सी

शरर-ए-उल्फ़त[5] से अब रोशन हो ज़िन्दगी
भेजिये संदेशा या कि आप आइये

5. उल्फ़त की चिंगारी

81

थे पैंतरे लबों पे झूठ बेशुमार था
पर ताज़्जुब है उसपे सबको ऐतबार था

तुमसे किया समझौता मेरी तश्नालबी[1] ने — 1. प्यास
ग़ैरत को मग़र गुज़रा बड़ा नागवार[2] था — 2. अप्रिय

ज़ख़्म हरे, चेहरा ज़र्द, स्याह ज़िन्दगी
सब रंग थे रंगरेज़[3] बड़ा शर्मसार था — 3. रंगने वाला

शब-ए-हिज़्र[4] तेरे दिये ज़ख़्म सिंये हैं — 4. विरह की रात
तुरपाई का अब रब्त[5] को भी इन्तज़ार था — 5. रिश्ता

बंदगी है मुफ़लिसों[6] की फिर चुनाव में — 6. गरीब
मज़लूम[7] बना फिर शहर में इश्तिहार था — 7. सताया हुआ

82

ज़िन्दगी आबशार[1] जैसी है
झीनी सी इक फुहार जैसी है

बिछाये जाल रोज़ तकती है
सैय्याद[2] के शिकार जैसी है

आने जाने का वक्त तय पहले
ज़िन्दगी ये उधार जैसी है

रोज़ पुरजोर चोट करती है
किसी बरहम[3] लोहार जैसी है

ये खुशियाँ देती है रत्ती-रत्ती
तौल इसकी सुनार जैसी है

1. झरना
2. शिकारी
3. नाराज़

83

उनकी तल्ख़ी[1] ज़रा सी कम हुई है
सुलगती रेत थोड़ी नम हुई है

ख़ामशी, बेकली[2], ख़ानाबदोशी
तेरी आमद से जानाँ कम हुई है

कहाँ परवाह थी ज़माने की
बेरूख़ी तेरी मुझको ग़म हुई है

मयस्सर[3] प्यास को क़तरा न हुआ
तिश्नगी[4] अब मेरी हमदम हुई है

कुरेदा आज फ़िर ज़ख़्मों को मेरे
आज फितरत तेरी आदम हुई है

हादसे मुझको देने के हुनर में
ज़िन्दगी अब छुपे रूस्तम हुई है

1. नाराज़गी
2. व्याकुलता
3. नसीब
4. प्यास

84

हालातों पे ही क्यों इल्ज़ाम होता
संगदिल भी रूसवा सरेआम होता

न तूफाँ में कश्ती, न कोई तलातुम[1] 1. ऊँची लहर
ये माँझी सुकूँ में, किसी शाम होता

आहट या खुशबू या कासिद[2] कबूतर 2. संदेशवाहक
पहले से आमद[3] का पैगाम होता 3. आगमन

जो उड़तीं कभी उल्फ़तों की पतंगें
तो छत तेरी होती, तेरा बाम[4] होता 4. छज्जा

भले तिश्नगी को नहीं तू मयस्सर[5] 5. नसीब
लब-ए-खुश्क[6] पे कोई तो जाम होता 6. सूखे होठ

मेरे कौल[7] की अहमियत तुमको होती 7. वादा
मेरी शख़्सियत का भी कुछ दाम होता

रूसवाईयाँ[8] ही हैं पहचान मेरी 8. बदनामी
वरना शहर में मैं गुमनाम होता

गुल या कि दिल हो, शीशा हो कोई
बिखरना ही इसका अंजाम होता

तन्हाई में भी बातें तुम्हीं से
फ़ुर्क़त[9] में तो दिल ये बेकाम होता

9. विरह

शब-ए-हिज्र[10] सोचा किये काश कोई
तेरा हमशकल, तेरा हमनाम होता

10. विरह की रात

तेरे करम[11] से, जख़्म सब हरे हैं
हैराँ ही फिरते, जो आराम होता

11. कृपा

85

हकीकत से जो वो मुकरते रहे
नज़र से हमारी उतरते रहे

थकन, तिश्नगी और बुझता शफ़क़[1]
सहरा में लश्कर ठहरते रहे

ज़ख़्मी उड़ानों के थे चश्मदीद
अरमाँ के पर हम कतरते रहे

भले थी गुनाह-ए-असल मैक़शी
गुनाहों के कासे को भरते रहे

ख़्वाब कि चाहत कि हसरत सभी
बिखरना था किस्मत बिखरते रहे

जो साँपों की फ़ितरत से वाकिफ़ थे हम
तबस्सुम[2] से इन्साँ की डरते रहे

बाज़ों के पर तोलती थी हवा
मगर उसके करतब निखरते रहे

खुशी दीद[3] से, दर्द फुर्क़त से था
मरासिम में हम जीते-मरते रहे

1. शाम की लालिमा
2. मुस्कान
3. दीदार

तेरी याद ज़ेहन में ठहरी रही
लम्हों का क्या है, गुज़रते रहे

थी नज़रे-हिकारत[4] दिखावा फ़क़त
वो शीशे में मेरे उतरते[5] रहे

4. नफ़रत से देखना
5. काबू में होना

किरदार में रख्खी जिंदादिली
खुशबू-ए-गुल से बिखरते रहे

थी अफ़वाह जो आमद-ए-यार[6] की
तो आइनाखाने[7] संवरते रहे

6. यार के आने की
7. घर जिसकी दीवारों में आईने जड़े हो

परिन्दे के पर सी थी उसकी छुअन
दुआ लम्स[8] की फिर से करते रहे

8. स्पर्श

था डर भूल बैठें न ख़ुद को ही हम
सो यादों को तेरी बिसरते[9] रहे

9. भूलते

86

हम पीरी[1] में सोचा किये, सारे रूआब क्या हुये
थी ज़ीनतें वो क्या हुईं, सारे इताब[2] क्या हुये

सारे गुलाब क्या हुये, रंग-ओ-सबाब[3] क्या हुये
है चाँदनी अब ज़ुल्फ़ में, सारे ख़िज़ाब क्या हुये

दौर-ए-जवानी क्या हुआ, किस्सा वो फ़ानी क्या हुआ
सारे ख़्वाब क्या हुये, साकी शराब क्या हुये

बेरंग सी हैं तितलियाँ, बेरौशनी जुगनूँ सभी
है बेकशिश अब चाँदनी, वो माहताब क्या हुये

आख़िरी सफ़हा[4] है ये, शायद किताब-ए-ज़ीस्त का
है बड़ी ही बेकली, सारे सवाब[5] क्या हुये

है आलम-ए-बेचारगी, ग़मख्वार सारे क्या हुये
थे रौशनी का जो सबब, वो आफ़ताब क्या हुये

शहरे-अदब में ये सुना, कि हैं सभी अहले-वफा[6]
आबाद हैं सब इश्क में, ख़ानाख़राब[7] क्या हुये

क्या दौर था जब पास थे, सब मुश्किलातों के जवाब
अब भी सवाल हैं वही, सारे जवाब क्या हुये

1. बुढ़ापा
2. गुस्सा
3. यौवन
4. पन्ना
5. पुण्य
6. प्यार निभाने वाले
7. खुद को बर्बाद करने वाले

87

हैं रिश्ते तो शिकवे-ग़िले तमाम आयेंगे
है ज़िन्दगी तो रूबरू इल्ज़ाम आयेंगे

क्या सर्द सहर को मिलेगी धूप गुनगुनी
क्या बारिशों की ज़द[1] में सारे बाम[2] आयेंगे 1. पहुँच, 2. छज्जे

यूँ दौर-ए-फ़ुर्क़त में मेरे पयाम[3] आयेंगे 3. संदेश
बेनाम से कुछ ख़त तुम्हारे नाम आयेंगे

झूठी तसल्ली देंगे तुझको सारे नामवर[4] 4. आदरणीय लोग
गुमनाम हैं जो लोग तेरे काम आयेंगे

अपनों की ख़ामियों पे जरा ख़ाक डालिये
जो सुबह के भूले हैं लौट शाम आयेंगे

भुगतोगे ख़ामियाजा[5] तुम अच्छाइयों का भी 5. हानि
कुछ नेकियों के ऐसे भी ईनाम आयेंगे

जीत की ख़ुशी न किसी हार का मलाल
जज़्बात के ऐसे भी कुछ मकाम[6] आयेंगे 6. पड़ाव

शहज़ोर[7] ही लहरायेगा अब झूठ का परचम 7. ताकतवर
हिस्से में सच के ज़हर मिले जाम आयेंगे

सादा मिजाज़ है वो पर इकबाल[8] है बुलंद 8. प्रताप
करने सलाम उसको खास-ओ-आम आयेंगे

88

हैं मुख़ातिब ग़ैर के, हैं उसकी बाहों में
इसको शुमार कीजिये, उनके गुनाहों में

नज़रें मिलाके कोई भी दुश्वारियाँ भूले
इतनी कशिश तो अब भी है, उनकी निगाहों में

हाथों को थाम हालत-ऐ-बीमार जो पूछी
लम्स[1] का वही है असर, जो दवाओं में — 1. छुअन

थम गईं है ख़्वाहिशें, सोज़-ए-फिराक़[2] में — 2. विरह का दर्द
पर टहलते ख़्वाब तेरे, ख़्वाबग़ाहों[3] में — 3. शयनकक्ष

क्यों गिरी है बर्क[4], मेरे ही नशेमन[5] पर — 4. आसमानी बिजली
ख़ैरियत घर की भी माँगी थी दुआओं में — 5. घर

कमनसीब[6] शाख़ पे हैं कागज़ों के गुल — 6. बदनसीब
है भटकती एक तितली फिर ख़िज़ाओं में

आज फिर गुल की क़बा पे ठहरी है शबनम
क्या सिसकियाँ धुल गईं तेरी सदाओं[7] में — 7. पुकार

हमनवाँ[8] से रब्त[9] को इक साल क्या गुज़रा — 8. साथी, 9. सम्बन्ध
नुक्स हैं दिखने लगे उनकी अदाओं में

ख़ामखाँ है जश्न बंज़र और सहरा में
आब[10] है शामिल कहाँ अबके घटाओं में 10. पानी

मैक़शी[11] शामिल है हर इक शाद[12] में, ग़म में 11. शराब पीना
सोचिये है लुत्फ़ कितना इन सुराओं में 12. खुशी

भंवरा बदले गुल तो सब कहते चलन इसको
फूल का भंवरे बदलना क्यों ख़ताओं में

89

जानें क्यों दुश्वारियाँ अब मेहरबाँ नहीं
मुद्दतों से कोई हुआ हादसा नहीं

संग जिसके माज़ी[1] की परछाइयाँ न हो — 1. अतीत
इतना अकेला कोई शख़्स बारहा[2] नहीं — 2. अक्सर

ख़ुशग़वार[3] लगने लगीं ग़मज़दा शामें — 3. सुखद
तन्हाई अब हमारे लिये मुद्दआ नहीं

बेखुदी[4] में खुद से दूर जाऊँगा इक दिन — 4. बेख़बरी
फ़िक्र उसकी हमको लेके बेवज़ा नहीं

है सच कि उनका हमसे कोई रब्त[5] नहीं पर — 5. रिश्ता
है झूठ कि हमें कोई मुग़ालता[6] नहीं — 6. गलतफ़हमीं

उसने बनाये जुल्मो-सितम के नये मेयार[7] — 7. मानक
पर है कमाल कि ये अभी इंतेहाँ[8] नहीं — 8. अंत/चरम

इन आँखों से वाबस्ता[9] दीदार-ए-यार है — 9. जुड़ा हुआ
अब लगता माहताब हमें, मोज़जा[10] नहीं — 10. जादू

चलता हूँ सर उठाके अभी तो सरे-बाजार
रूसवाइयाँ हुईं हैं मग़र जा-ब-जा[11] नहीं — 11. चारों तरफ

हमदम नसीब हमको तेरी कुर्बतें[12] न हों — 12. नज़दीकियाँ
तल्ख़ियाँ[13] इतनी हमारे दरमियाँ नहीं — 13. नाराज़गी

90

ज़रा बुलंदियों का हम सुरूर[1] देखेंगे — 1. मदहोशी
ज़हन पे चढ़ता है कैसे फ़ितूर[2] देखेंगे — 2. पागलपन

जिन्हें पाने की बेकली[3] थी शहंशाहों को — 3. बेचैनी
तख़्त देखेंगे हम वो कोहिनूर देखेंगे

ख़िलाफ होके तो जीना मुहाल है उनका
शायद कहके अब वो जी हुज़ूर देखेंगे

अब जो आ ही गये शहरे-अदब में हम यारो
नफ़ासत[4] देखेंगे इसका शऊर देखेंगे — 4. सुंदरता

हमारे सब्र की कोई तो इंतिहाँ होगी
या कि ताज़िन्दगी उनका गुरूर देखेंगे

हवास[5] मैक़दे में किसके रहेंगे महफ़ूज़ — 5. होश
कौन होगा नशे में चूर-चूर देखेंगे

छुपे रहते हैं कई ग़ैर आस्तीनों में
शनाख़्त[6] अपनों की करके ज़रूर देखेंगे — 6. पहचान

ज़ख्मे-दिल ख़ुद ही भरा है या फ़िर
चरासाज़ों का है इसमें कुसूर देखेंगे

तीरगी सौपेगी शब को सहर की बाहों में
रोशनी और बची कितनी दूर देखेंगे

91

हसरत-ए-नादाँ पे, क्यों ज़ुल्म ढा रहे हो
नीदें चुराओ मेरी, आँखें चुरा[1] रहे हो — 1. नज़र न मिलाना

अव्वल[2] तो रहगुज़र[3] में काँटे बिछाये तुमने — 2. पहले, 3. रास्ता
आमद को मेरी, अब क्यों पलकें बिछा[4] रहे हो — 4. इन्तजार करना

सोचा था गिराओगे, ये अना[5] की फ़सीलें[6] — 5. घमंड, 6. दीवार
तुम अपनी निगाहों से, हमको गिरा[7] रहे हो — 7. अनादर करना

हसरत थी उठाओगे, इक पल को नाज़[8] मेरे — 8. नख़रे
हर नुक्स पे हमारे, उंगली उठा रहे हो

शाइस्तगी[9] से मुमकिन हर मसअले का हल है — 9. सभ्यता
क्यों आसमाँ को बरबस[10], सर पे उठा रहे[11] हो — 10. जबरज़स्ती
11. बवाल मचाना

हमने चमन-ए-उल्फ़त, सींचा था खूँ-ओ-जाँ[12] से — 12. खून और जान
उसका सिला है खूँ के, आँसू रूला रहे[13] हो — 13. परेशान करना

जिस घर में कभी तेरी, आमद से उजाला था
बस रोशनी की ख़ातिर, वो घर जला रहे हो

92

तन्हाँ कहाँ है छोड़ती, तन्हाइयों का क्या करें
इन रूह से लिपटी हुई, परछाइयों का क्या करें

ज़द्दोज़हद[1] है कि रहें, हम गुफ़्तगू से बेअसर — 1. संघर्ष
लेकिन तुम्हारे जुमलों की गहराइयों का क्या करें

ऐब सारे कर लिये, किरदार में शामिल मग़र
अब फ़क़त है कश्मकश, अच्छाइयों का क्या करें

माना कि समझौता हुआ, फिर से हमारे दरमियों
लेकिन शहर में हो रही, रूसवाइयों का क्या करें

मुद्दा है बेवफाई का, मुंसिफ[2] हुआ है दिल मेरा — 2. जज
खुद के ख़िलाफ़ हो रही, सुनवाइयों का क्या करें

तेरा शहर, तेरी गली, तेरा मकाँ, खुशबू तेरी
बढ़ता है इनसे दर्द, इन पुरवाइयों का क्या करें

दीद[3] का सुकून हैं, पर तिश्नगी का हल नहीं — 3. निगाह
सहरा की सराबों सी इन, रानाइयों[4] का क्या करें — 4. सुंदरता

93

आब-ओ-ताब[1] हरगिज़ न आप ढलने दीजिये
और सब रक़ीबों को, यूँ ही जलने दीजिये

आइये गुलशन में, फिर बेहिज़ाब आप
और शोख़ गुल को, आँख मलने दीजिये

दिल न बैठे जाये, सुन आपका इन्कार
गफ़लतों की धुंध में, हमें टहलने दीजिये

बेज़ारी[2] का सबब है, लिहाफ़-ए-शराफ़त[3]
शहर-ए-तमन्ना में, अरमाँ मचलने दीजिये

उमरें गईं निभाते, ये रस्मे-अदावत[4]
नफ़रतों की बर्फ को, अब पिघलने दीजिये

1. चमक-दमक
2. दुख
3. शराफत का चोला
4. दुश्मनी की रस्म

94

ज़ीस्त का गुलशन संवारा जायेगा
हिज्र से ख़ुद को उबारा जायेगा

चारसू[1] फैलीं हैं टूटी हसरतें
अश्क से ज़ेहन बुहारा[2] जायेगा

1. चारो ओर
2. साफ करना

सिसकियाँ मेरी हैं ग़र उसका सुकूँ
दर्द को हद से गुज़ारा जायेगा

तेरी हर बदी[3] का भी होगा हिसाब
नाम दोज़ख[4] में पुकारा जायेगा

3. पाप
4. नर्क

हैं शगुफ़्ता[5] शेर सुनकर वो मेरे
अब इसी फ़न को निखारा जायेगा

5. खुश

इल्तिज़ा[6] तक ही नहीं महदूद[7] हम
अब सियासत-दाँ[8] सुधारा जायेगा

6. अनुरोध
7. सीमित, 8. नेता

मनचले भौंरों की इसपे है नज़र
फूल का सदका उतारा जायेगा

उनका कद्रदान है सारा शहर
स्वयंवर में हर कुँवारा जायेगा

95

मिलती हैं रूसवाइयाँ, शराब के संग में
ज्यों ख़ार की ख़लिश[1] है, गुलाब के संग में 1. चुभन

हाँ ख़त के हर्फ़ों में तो, इन्कार किया है
पर फूल भी भेजा है, जवाब के संग में

यूँ चाँदनी से कोई गुरेज़ नहीं पर
बढ़ता है दर्द-ए-हिज्र, माहताब के संग में

ज़ीनत-ओ-निकहत[2] का, अंदाज़ा है हमें 2. सुन्दरता और खुशबू
पिन्हाँ[3] नहीं है कुछ भी नकाब के संग में 3. छिपा हुआ

मालूम है ताज़िन्दगी का रब्त नहीं पर
कुछ गाम[4] तो चलेंगे अहबाब[5] के संग में 4. कदम, 5. मित्र

ज़ाया[6] नहीं गई हैं अश्कों की बारिशें 6. व्यर्थ
हसरतें भी बह गई सैलाब के संग में

96

फिर से उस गली में अब, आना-जाना हो गया
अज़्म[1] का क़ातिल तेरा, मुस्कुराना हो गया — 1. संकल्प

क्या हुये वो हिज्र में, ख़ुदकुशी के वायदे
ख़त्म चन्द रोज़ में, छटपटाना हो गया

फिर से बख़्श कर हमें, इन्तज़ार के पहर
मिल-मिलाके आदतन, वो रवाना हो गया

दरमियाँ नहीं हुई कोई बात काम की
ख़ैर मिलके आपसे, हँसना-हँसाना हो गया

साकी भी लगने लगी, एक ताज़ा सी गज़ल
मंजर शराबख़ाने का, शायराना हो गया

जनता के यलगार से, हुक्मराँ है बेख़बर
या कहें कि ये फ़कत, गुल[2] मचाना हो गया — 2. शोर

रत्ती भर न नम हुई, रेत रेगज़ारों[3] की — 3. रेगिस्तान
बारिशों का बेवज़ा, खाली ख़ज़ाना हो गया

चाहता है मैं रहूँ, सर्कस के शेर की तरह
इश्क ना हुआ तेरा, ताज़ियाना[4] हो गया — 4. चाबुक

97

आसेब[1] यहीं रहता है मसान[2] से नहीं आता
शहर में दरिन्दा बयाबान[3] से नहीं आता

ख़ौफ़ में है ये शहर ज़ालिम के जुल्म से मगर
क्यों फ़रिश्ता कोई आसमान से नहीं आता

क्यों दरीचे से नहीं आती है अब बाद-ए-सबा[4]
क्यों उजाला कोई रोशनदान से नहीं आता

और कितने चाहिये तुमको ख़सारे[5] इश्क में
क्यों होश ठिकाने तेरा नुकसान से नहीं आता

क्यों कद्रदानों पे हैं अब तेरी अदायें बेअसर
क्यों नूर महफ़िल में, तेरी मुस्कान से नहीं आता

हर बशर[6] तो पूछता है दर्द का सबब मगर
लफ़्ज-ए-ग़मख़्वारी[7] तेरी ज़ुबान से नहीं आता

ख़ुद ही रखना होता है ख़याल सेहत का हमें
ज़ीस्त में कोई शिफ़ा[8] लुकमान[9] से नहीं आता

1. भूतप्रेत
2. शमशान
3. जंगल
4. ठंडी हवा
5. घाटा
6. व्यक्ति
7. फ़िक्र के शब्द
8. आरोग्य
9. हकीम

98

ज़ीनत-ओ-जवानी ना होती
तो कोई कहानी ना होती

दिल-नशीं[1] जो होता ग़र दिल में
तो ये वीरानी ना होती

फ़िरता यतीम[2] सा चाँद अगर
शब की निगरानी ना होती

ग़र प्रेम पे होता इख़्तियार[3]
मीरा दीवानी ना होती

पथ्थर ना क़ैस[4] पे पड़ते, ग़र
तबियत रूमानी ना होती

गौहर[5] की होती हमें हवस
ग़र दुनियाँ फ़ानी ना होती

चिंता की लकीरें होतीं मगर
तेरी पेशानी[6] ना होती

ना होते तीर-कमाँ-तरकश
जाँ की कुर्बानी ना होती

1. दिल में रहने वाला
2. अनाथ
3. वश
4. मजनू
5. धन-दौलत
6. माथा

ग़र ना होता तेरा हल्क़ा[7] 7. क्षेत्र
तेरी मनमानी ना होती

ना होता कासा[8] हसरत का 8. भिक्षापात्र
फ़ितरत इन्सानी ना होती

ग़र देता दगा अय्यारों[9] को 9. धूर्त इन्सान
कोई बेमानी ना होती

99

वो सितम ढाता रहा, लाख समझाने के बाद
पुरसुकूँ है आफ़ताब, आग बरसाने के बाद

पलकों पे हमको बिठाया, मेहरबानी आपकी
हैं मगर मग़रूर हम, आपको पाने के बाद

हुस्न का गुरूर हैं, शबनमी उलझीं लटें
कम नहीं लेकिन ज़माल, ज़ुल्फ़ सुलझाने के बाद

पलटते भले रहें, हम सफ़हे[1] ज़ीस्त के
पर नहीं कोई कहानी, तेरे अफ़साने के बाद

निकलता-छिपता भले है, अभ्र के चिलमन[2] में पर
रात के आगोश में है, चाँद इतराने के बाद

सरे-बज़्म पूछिये, आज ये शम्माओं से
यूँ जलेगा इश्क में, कौन परवाने के बाद

शाम ढले पूछिये, रास्ता जुगनूँ से पर
चाँद की हो रहबरी, रात गहराने के बाद

महदूद[3] नहीं शाख तक, इन गुलों की खुशबुयें
इत्र बन महकते हैं, फूल मुरझाने के बाद

1. पन्ने
2. पर्दा
3. सीमित

दर्जा-ए-एहसानफरामोशी ज़रा देखिये
नया शाना[4] ढूढते हैं, वो तेरे शाने के बाद 4. कंधा

हैं कहाँ आशिक बदलते, हिज्र में अपना मिजाज़
ज़ख़्म की ही आरज़ू है, ज़ख़्म भर जाने के बाद

उसने राज़ी कर लिया, हमको बिछड़ने के लिये
अब मगर खुद से ख़फा है, हमको समझाने के बाद

100

लब-ए-साहिल पे तो लाया गया है
मगर कतरे को तरसाया गया है

सुकूँ में है नहीं कोई कज़ा[1] तक — 1. मृत्यु
बजा[2] शायद ये फ़रमाया गया है — 2. सही

था जीतेजी न फ़िक्रमंद कोई
मर्सिया लाश पर गाया गया है

बाद मरने के कौन जन्नत में
संग लेकर के सरमाया[3] गया है — 3. धन-दौलत

है कोई शाह, मिर्ज़ा[4] या खलीफ़ा[5] — 4. राजकुमार
मेरे पहलू[6] में दफ़नाया गया है — 5. शासक
6. बगल में

आँधियों ने अता कीं चंद साँसें
दिये पर फ़िर तरस खाया गया है

सबा पैगाम लाई है तेरा फिर
दरीचा फिर से खटकाया गया है

है दौर-ए-हिज्र में बेज़ार वो भी
हमें तो ये ही बतलाया गया है

दर्द की इंतेहाँ होने पे खुद को
तेरे आगोश में लाया गया है

चूमकर बारहा तस्वीर तेरी
लबों को अपने बहलाया गया है

असीरी[7] इश्क की माँगी थी हमने 7. कैद
रिहाई दे सितम ढाया गया है

पहली थी मिली जो तुमसे ठोकर
मुसलसल[8] फिर तो ठुकराया गया है 8. लगातार

रुख़सत यूँ हुये तेरे शहर से
हमारे साथ बस साया गया है

मिलेगा उनसे बेहतर कोई हमको
आज यूँ खुद को भरमाया गया है

101

कल रेत को मुट्ठी से, फिसलते हुये देखा
ख़्वाहिश के जनाज़े को, निकलते हुये देखा

नज़र न फ़र्क कर सकी, आब और सराब में
हैराँ सा मुसाफ़िर, आँख मलते हुये देखा

माँझे से कटती हुई, उँगली से बेख़बर
पतंगों को फ़लक पे, मचलते हुये देखा

देखा गुलाब शाख पे, फ़िर तुर्बतों पे भी
शाम-ओ-सहर मंज़र को, बदलते हुये देखा

इन्साँ हो या कि गुल, सभी का दौर होता है
हुस्न-ओ-जमाल-ओ-खुशबू को, ढलते हुये देखा

बारहा लगा कि वो हस्सास[1] नहीं पर
कल मोम सा उसको भी पिघलते हुये देखा

खुद बंद किये दर-ओ-दरीचे नशेमन के
रूसवाई को गली में टहलते हुये देखा

लगता है कि तौर-ए-हयात[2] सीख गये तुम
कल तुमको गिरते-उठते, सम्हलते हुये देखा

1. संवेदनशील
2. जीने का तरीका

102

इस दिल में ख़तम होनी, नफ़रत भी चाहिये
दुश्मन को माफ़ करने में, अज़्मत[1] भी चाहिये — 1. महानता

बज़्म में आते कहाँ, जज़्बात पलक तक
आँखों से अश्क गिरने को, ख़ल्वत[2] भी चाहिये — 2. एकांत

मुमकिन कहाँ है शायरी, ख़ुशरंग ज़ीस्त में
बनने को ग़ज़ल-गो[3], ज़रा फ़ुर्क़त भी चाहिये — 3. शायर

कम कहाँ है इश्क, शतरंजी बिसात से — 4. क्षमता या तीव्र
जीत का माद्दा[4] भी हो, शिद्दत भी चाहिये — भावना

नातवाँ[5] उल्फ़त को ये, आसान कहाँ है — 5. कमज़ोर
लाँध देहरी को सको, हिम्मत भी चाहिये

सबसे आँखें चार हों, किस्सा अयाँ[6] न हो — 6. प्रकट
आशिक मिजाज़ भी रहो, इज़्ज़त भी चाहिये

किस्मत की लकीरों का फ़क़त, खेल नहीं इश्क
दोनों की हस्सास[7] सी, तबियत भी चाहिये — 7. संवेदनशील

सिर्फ़ कू-ए-यार में, फिरने से क्या हासिल
मिलने की तदबीर[8] हो, किस्मत भी चाहिये — 8. उपाय

103

मुहब्बत उतनी, रूमानी कहाँ है
हिज्र में भी वो, वीरानी कहाँ है

कहाँ हैं गुल के हमजोली वो भौंरे
और तितली वो दीवानी कहाँ है

हमें पाकर मुकम्मल[1] वो हुये हैं 1. पूर्ण
प्यास बिन दरिया के मानी कहाँ हैं

अभी अंजान है वो पैतरों से
अभी फ़ितरत वो इन्सानी कहाँ है

खोजें क्यों नज़ीर[2]-ए-बेवफ़ाई 2. उदाहरण
तुम्हारा भी कोई सानी कहाँ है

तिफ़्ल[3] में खोजिये ज़रा बचपन 3. बच्चे
लड़कपन की वो नादानी कहाँ है

ज़िन्दगी रोज़ तिल-तिल मारती है
कज़ा[4] में अब वो आसानी कहाँ है 4. मृत्यु

तअज़्ज़ुब क्या जो कल मर जायें हम भी
यहाँ शै कोई लाफ़ानी[5] कहाँ है 5. अमर

बेमज़ा है अभी ज़ंग-ए-अदावत
रूबरू दुश्मन-ए-जानी कहाँ है

हों नखलिस्तान[6] प्यासी रेत में भी
मगर सहराओं में पानी कहाँ है

6. रेगिस्तान मे बगीचे

देखा क्या-क्या है इक ज़माने तक
नज़र तुझमें ही दुनियाँ आने तक

रूह बेचैन नहीं रहती बस
तेरे आने से तेरे जाने तक

ज़फायें, ठोकरें तो लाज़िम हैं
मौज़ूँ-ए-इश्क[1] समझ आने तक — 1. इश्क का विषय

बारिश-ए-इश्क फ़क़त होती है
हुस्न की फस्ल लहलहाने तक

ज़ुबानी याद रहगुज़र[2] है हमें — 2. रास्ता
नशेमन[3] से शराबखाने तक — 3. घर

मुख़्तसर[4] होता है दौर-ए-ख़ुमारी — 4. छोटा
लड़खड़ाने से सम्हल जाने तक

हैं आज़माये कितने ही साँचे
खुद के किरदार में ढल जाने तक

जश्न महफूज़ होने का मनाओ
मकाँ हमसाये[5] का जल जाने तक — 5. पड़ोसी

उम्मीद-ए-ज़ीस्त थी कहाँ छोड़ी
ख़्वाब तिनकों से बिखर जाने तक

105

गुल-ए-मुहब्बत खिला नहीं है
सफ़र है तन्हाँ, गिला नहीं है

ज़रूरी क्यों है, हो कोई काबिज़
ये दिल है कोई, किला नहीं है

मैं हैराँ हूँ, तेरी रूख़सती से
क्यों पहले से, इत्तिला नहीं है

जिसे मुसलसल[1], मेरी फ़िकर थी
वे शख़्स अब, मुब्तला[2] नहीं है

हमें लगा था, हमीं है गाफ़िल[3]
मगर उसे भी, ख़ला[4] नहीं है

लगाओ तोहमत न बेज़ुबाँ पे
ये ख़ामशी का, सिला नहीं है

क्या मुर्दा होके, सुकूँ मिलेगा
ये जीतेजी तो, मिला नहीं है

शज़र ही बुत हो गया है शायद
या कोई पत्ता हिला नहीं है

मेहनतकश है अगर तू फिर क्यों
हथेली पे आबला[5] नहीं है

1. लगातार
2. आसक्त
3. बेफ़िक्र
4. कसक
5. छाला

106

शहर का हर तंज़ हमपर बेअसर है
पर सुनेंगे ये निदा[1] तेरी अगर है

सुस्त सा है ज़ीस्त का हर एक लम्हा
मुद्दा-ए-उल्फ़त में उज्लत[2] सी मगर है

रोज़ ही अब ख़्वाब में करती है शिरकत
रूबरू मेरे परी-रू[3] रात भर है

गोशा-गोशा[4] बज़्म का रोशन है जिससे
उस नज़ारे पर हमारी भी नज़र है

ज़हर ज़हर काटता है वाकई ग़र
फिर तो दर्द, दर्द का ही चारागर है

जज़ीरा-ए-इश्क है, तन्हाइयाँ है
और जज़ीरे[5] पर फँसा हमसा बशर[6] है

हाँ भरोसा कीजिये कहते हैं हम भी
देखिये लेकिन कि क्या वो मोतबर[7] है

क्या कहें वो शख़्स पेचीदा है कितना
यूँ समझिये ज्यों समंदर में भँवर है

पढ़ने लगे ग़ज़ाल[8] शेरों के कसीदे
सोचिये जंगल में दहशत किस कदर है

1. आवाज़
2. जल्दबाज़ी
3. परी जैसे रूप वाली
4. कोना-कोना
5. टापू, 6. व्यक्ति
7. भरोसेमंद
8. हिरन

दीद से ये रूह तर होगी तब होगी
तिश्नगी फ़िलहाल तो पेशे-नज़र है

आप कहते हैं कि आजिज़[9] आ गये हम
पर अज़ाब[10] कहता है थोड़ी कसर है

9. परेशान होना
10. कष्ट

107

हाँ ऊँची उड़ानों का, शौकीन नहीं है
कहने को परिन्दा है पर शाहीन[1] नहीं है 1. बाज़

हाँ मानते हैं कि ज़रा मैकश हैं ग़मज़दा
माहौल मैक़दे का पर ग़मगीन नहीं है

दी नूर-ए-माहताब को छोटी सी चुनौती
जुगनू का ज़ुर्म इतना भी संगीन नहीं है

पहुँचेगा रफ़्ता-रफ़्ता एक दिल से दूजे तक
ये इश्क है कोई जादुई कालीन नहीं है

लेकर शफ़क[2] लम्बे सफ़र से लौटा आफ़ताब 2. शाम की लालिमा
लेकिन ये शाम बिन तेरे रंगीन नहीं है

करके फ़क़त फ़रियाद इतना खुश न होइये
उस रब ने अब तलक कहा आमीन[3] नहीं है 3. ऐसा ही हो

देते हो समंदर को अश्कों की मिसालें[4] 4. उपमा
खारा है मगर इतना भी नमकीन नहीं है

108

रब्त की पाई-पाई जा रही है
उमर भर की कमाई जा रही है

मकाँ-ए-ख़्वाब था तामीर करना
मगर हसरत ये ढाई[1] जा रही है — 1. गिराई

गिरी दीवारे-अना थी बमुश्किल
दोबारा क्यों चिनाई[2] जा रही है — 2. दीवार बनाना

मेरे इख़्लास[3] से अन्जाँ नहीं वो — 3. निश्छलता
मगर तोहमत लगाई जा रही है

निभाई उसने हर रस्म-ए-जुदाई
सो चश्म-ए-तर[4] दिखाई जा रही है — 4. भीगी आँख

हमारी रार[5] सुलझायेंगे हम ही — 5. झगड़ा
क्यों ये मजलिस[6] बुलाई जा रही है — 6. सभा

सर-ए-मंज़िल[7] थकन मिटानी थी — 7. मंजिल पर
मरहले[8] पर मिटाई जा रही है — 8. पड़ाव

109

साँसें हैं धड़कन है, कोई कमी नहीं
सबकुछ है ज़िन्दगी में, फ़क़त ज़िन्दगी नहीं

उलझे हैं, कमज़ोर हैं, क्यों रब्त के धागे
रिश्तों की डोर पहले सी अब रेशमी नहीं

तंज़ पे लोगों के सिर्फ़, मुस्कुराना है
हो ज़हीन[1], इतना मगर जानती नहीं — 1. समझदार

इश्क से रिहाई की, थी जुस्तजू[2] तुम्हें — 2. तलाश
लो अब से कोई बंदिशें या बेबसी नहीं

क्या बस तराशते रहें, सुखन[3] के हुनर हम — 3. शायरी
क्या बज़्म में इस फ़न की नुमाइश सही नहीं

ऐसे तो हो जायेगी, बेरंग कायनात[4] — 4. दुनियाँ
रंगों को जज़्ब करती तितली सोचती नहीं

है उसको नहीं बेकली, ऐसा नहीं मगर
वो हिज्र में अब सारी रात जागती नहीं

हाँ कहने को तो है यहाँ साकी शराब सब
बिन यारों के ये बैठकी[5] लेकिन जमी नहीं — 5. जमावड़ा

अब भी सदायें देता हूँ, हूँ चीखता मग़र
आवाज़ दश्त-ए-दिल में तेरे गूँजती नहीं

110

पाना नामुमकिन, लेकिन अरमाँ है
हसरत का क्या है, हसरत नादाँ है

क्यों रंज करें हम, उसके जाने का
है फूल गया पर, ख़ुशबू मेहमाँ है

हाँ पूछते हैं अब, ये चौक-चौबारे
क्यों मेरी मंज़िल, तेरी आस्ताँ[1] है — 1. चौखट

हम रहे समझते, खुद को पथ्थरदिल
पर शब-ए-जुदाई, हमपे भी गिराँ[2] है — 2. भारी

है उनकी सल्तनत, हैं उनके मन्सब[3] — 3. इलाका
इस दिल के शहर में, बस उनका मकाँ है

था चैन-सुकूँ ही, उल्फ़त में कुरबाँ
नाचीज़ का हाज़िर, अब जिस्म-ओ-जाँ है

ना कोई रहबर, ना रख़्त-ए-सफर[4] है — 4. सफर का सामान
है राह-ए-उल्फ़त, रस्ता अन्जाँ है

उनकी कुर्बत[5] में, थे बेकुर्बत से — 5. नज़दीकी
कुछ हमनफ़सों[6] का, हम पर एहसाँ है — 6. मित्र

जितने थे मसीहा, हैं सभी नदारद
जिससे है ख़तरा, वो निगेहबाँ[7] है — 7. रक्षक

ये शहर तुम्हारा, ये भी है जंगल
बस फ़र्क है इतना, ये दश्त-ए-गुमाँ[8] है

8. भ्रम का जंगल

ये मान के चलिये, बे-ऐब न होगा
हम जैसा ही है, वो भी इन्साँ है

111

चर्चा जहाँ की छोड़िये, मुद्दे पे आइये
चौखट पे आने का हमें मकसद बताइये

रहते हैं बयाबाँ[1] में तो, महफूज़ हैं जनाब
बाशिन्दे शहर के हैं तो अस्मत[2] बचाइये

1. जंगल
2. इज़्ज़त

साथ हैं शाने[3] कई जंग-ए-हयात[4] में
मानिये मेरी तो ये ग़फ़लत हटाइये

3. कंधे
4. जीवन की जंग

लाज़िम है कश्मकश अगर, दुश्मन है कद्दावर[5]
लीजिये बदला या फिर दहशत मनाइये

5. बड़ी कद काठी का

अनकहे अल्फ़ाजों के अब क्या हैं मायने
अनलिखे ख़तों को भी अब तो जलाइये

या कि देखिये नहीं इन मंज़िलों के ख़्वाब
है जुनूँ तो पाने की वहशत[6] दिखाइये

6. पागलपन

दर्द-ए-जुदाई में बेकाम हैं अगर
फुर्क़त[7] को रोइये या कि फुर्सत मनाइये

7. विरह

नसीहतों को खर्च इतना कीजिये तभी
पहले ज़रा तज़ुर्बे की दौलत कमाइये

112

बे-लफ़्ज़ रहे, इश्क जताना नहीं आया
तक़दीर में उल्फ़त का ख़ज़ाना नहीं आया

हमदम का इन्तज़ार भी, कार-ए-सवाब[1] है
क्यों हमको ऐसे वक्त गँवाना नहीं आया

पलभर को नहीं जाते वो, मेरे ख़याल से
पर हमको उनके ख़्वाब में, आना नहीं आया

सुनने को मुंतज़िर[2] रहा सारा शहर मग़र
मेरे लबों पे तेरा फ़साना नहीं आया

हस्सास[3] हूँ तो होती हैं नमनाक[4] भी आँखें
पर बे-वज़ा अश्कों को बहाना नहीं आया

हर ओर तमाशा है और दुनियाँ तमाशबीन[5]
पर हमको कभी मजमा लगाना नहीं आया

जख़्मी थे तो, दस्त-ए-मदद[6] का इन्तज़ार था
पर आदतन नज़दीक ज़माना नहीं आया

हम भी सफ़र में जिसको कहें हासिल-ए-सफर
वो मील का पथ्थर, वो ठिकाना नहीं आया

1. पुण्य का काम
2. प्रतीक्षारत
3. संवेदनशील
4. नम
5. तमाशा देखने वाला
6. मदद का हाथ

113

कोई ज़ेहन में हो तस्वीर, ज़रूरी तो नहीं
मयस्सर[1] राँझे को हो हीर, ज़रूरी तो नहीं — 1. नसीब

काफ़ी है कि हसरत हो नामुक़म्मल[2] सी — 2. अपूर्ण
तुम्हें पाने की हो तदबीर[3], ज़रूरी तो नहीं — 3. उपाय

आज घायल निगाहे-नाज़[4] से नहीं कोई — 4. प्यार भरी निगाह
लगे निशाने पे ये तीर, ज़रूरी तो नहीं

दिले-बर्बाद आशियाँ है कई ज़ख़्मों का
बयाँ चेहरे से हो ये पीर[5], ज़रूरी तो नहीं — 5. दर्द

बरसना बादलों का तयशुदा है आज मगर
हो अच्छी सहरा की तक़दीर, ज़रूरी तो नहीं

ज़हर सी कड़वी भले लगती है हाला लेकिन
ज़हर सी इसकी हो तासीर[6], ज़रूरी तो नहीं — 6. असर

बढ़ाके हाथ भी महताब को छू सकते हो
हमेशा पास हो शहतीर[7], ज़रूरी तो नहीं — 7. लम्बी लकड़ी

जाके और कहीं सेंको सियासी रोटी
जले इसके लिये कश्मीर, ज़रूरी तो नहीं

ज़दीद[8] औरतें मालिक हैं अपनी मर्ज़ी की
हों किसी मर्द की जागीर, ज़रूरी तो नहीं

8. आधुनिक

114

नहीं जाना तरक्की की डगर है
कदमबोसी[1] को अपनाना अगर है

1. कदम चूमना

हों नग़मे ज़ीस्त के और रक़्स[2] तेरा
नहीं पीरी[3] में पछताना अगर है

2. नृत्य
3. बुढ़ापा

सिरे को खोजिये, करिये कवायद[4]
किसी गुथ्थी को सुलझाना अगर है

4. कठिन प्रयास

फिर तो हम ज़रा कच्चे हैं मैकश[5]
लड़खड़ाना ही पैमाना[6] अगर है

5. शराबी
6. मापदंड

कोई रंजिश न कोई रंज[7] होगा
किसी बस्ती में मैख़ाना अगर है

7. दुःख

नहीं फ़ितरत है तग़ाफ़ुल[8] करना
सदायें[9] दी हैं, पहचाना अगर है

8. नज़रअंदाज़
9. पुकारना

तौर नासमझियों के सीखिये अब
ज़हानत[10] पे याँ[11] ज़ुर्माना अगर है

10. समझदारी
11. यहाँ

रंगो बंज़र ज़मीं भी सब्ज़[12] रंग में
तुम्हे रंगरेज़[13] कहलाना अगर है

12. हरा
13. रंगाई कारीगर

115

हर मुश्किल में नासिर[1] हम
रंज़[2] तुझे हो, हाज़िर हम

सबब-ए-सोज़[3] है मिलना ग़र
क्यों मिलते हैं फ़िर-फ़िर हम

नहीं सुनेंगे कोई दलील
दिल फ़रियादी, मुंसिफ़[4] हम

हैं ख़ुद्दार तो भूलेंगे
तुझको ख़ुद की ख़ातिर हम

वो भी कम अय्यार[5] नहीं
हैं कम-बेसी[6] शातिर हम

किसी के हम, हमशकल नहीं
ख़ुद जैसे हैं आख़िर हम

कहाँ छिपा पाते हैं कुछ
हैं मलंग[7], हैं ज़ाहिर हम

सबा ने ख़ुशबू फ़ैलाई
गुल को लगे है मुख़बिर हम

1. मददगार
2. दुःख
3. कष्ट का कारण
4. जज
5. धूर्त
6. थोड़ा कम या अधिक
7. मस्तमौला व्यक्ति

116

ना भाती इश्क की दुश्वारी[1] 1. कठिनाई
होती ना काश ये बीमारी

क्या नफ़ा-ख़सारा[2] उल्फ़त में 2. लाभ-हानि
आशिक हैं या हैं व्यापारी

नासेह[3] की बातें ताक पे रख 3. उपदेशक
दुनियाँ चाहे दुनियाँदारी[4] 4. साँसारिक झंझट

ईमाँ उसूल करके फ़रोख़्त[5] 5. बेचना
कुछ बशर[6] हुये क्यों बाज़ारी 6. व्यक्ति

ना लबों पे आयें मंसूबे[7] 7. इरादे
है जंग-ए-जीस्त[8] में फ़नकारी 8. जीवन की जंग

मुफ़लिस को रूलाके ना कीजे
दोजख़[9] जाने की तैयारी 9. नर्क

गफ़लत[10] में गर दिलशाद[11] है दिल 10. गलतफहमी
तो रहने दो गफ़लत जारी 11. प्रसन्नचित्त

सब दोस्त, यार, दिलदार गये
होनी ही थी ये बेज़ारी[12] 12. निराशा

होने को सुबह अब है गलिबन[13] 13. शायद
शब तभी है इतनी अंधियारी

शोला-ए-बग़ावत लाज़िम है
ये जुल्मो-सितम है चिंगारी

तुमसे हैं ख़फ़ा, पर इतने नहीं
दीगर[14] की रास आये यारी

14. किसी दूसरे

है गौरतलब कि डटे रहे
जीती हो बाज़ी या हारी

दस्तार[15], अना[16], पर जाँ कुरबाँ
खुद से बढ़कर है खुद्दारी

15. पगड़ी
16. स्वाभिमान

117

एक रिश्ते के, असीर[1] थे कभी 1. कैदी
उनकी क़ुर्बत[2] थी, अमीर थे कभी 2. नज़दीकी

इश्क के अब आप तरफ़दार हैं
पर लकीर के फ़कीर[3] थे कभी 3. रूढ़िवादी व्यक्ति

बोझ से आख़िर ये शाने[4] झुक गये 4. कंधे
आप इक कुनबे के मीर[5] थे कभी 5. मुखिया

हैं तमाशबीन आप जंग में
आपके तरकश में तीर थे कभी

आपको अब है बुलंदी का गुरूर 6. विनम्रता
ख़ाकसारी[6] की नज़ीर[7] थे कभी 7. उदाहरण

ऐसी क्या ख़्वाहिश कि आप बिक गये
है सुना कि बा-ज़मीर[8] थे कभी 8. स्वाभिमानी

दीन[9] को भी तौला था मीज़ान[10] पर 9. धर्म, 10. तराजू
सुनते हैं कि इक कबीर थे कभी

118

ना कोई सानिहाँ[1], फिर भी है चोटिल — 1. दुर्घटना
उनकी हिज़रत[2] से, ज़ख़्मी सा है दिल — 2. विदेश चले जाना

है किसकी मुंतज़िर[3], लहरों की रवानी — 3. प्रतीक्षरत
और किसका रस्ता, तकता है साहिल

उसके संग देखे, मंज़िल के ख़्वाब पर
ये इल्म[4] कहाँ था, वो ही है मंज़िल — 4. ज्ञान

वो था तो हम थे, ग़ाफ़िल[5] परवाने — 5. बेफ़िक्र
क्या ढूँढ़ रहे हैं, अब महफ़िल-महफ़िल

फ़ुर्क़त में भी दिन, चढ़ता-ढलता है
हैं तब्दीली[6] कि, शामें हैं बोझिल — 6. बदलाव

वो गया ले गया, सब रंग फ़िज़ाँ के
हम हैं हलाक़[7] से, हलकान[8] से हैं गुल — 7. मृत, 8. अधमरा

थी कभी मयस्सर[9], सौग़ात-ए-तबस्सुम[10] — 9. प्राप्त
बतलाओ अब हम, क्यों हैं ना-काबिल — 10. मुस्कान का तोहफा

करते हो तग़ाफ़ुल[11] अंजान नहीं हम — 11. नज़रअंदाज
अब ना-क़दरी भी, इसमें है शामिल

119

है यूँ ही नहीं, नाराज़ कोई
शायद है चुभा, अल्फ़ाज़ कोई

है नहीं ज़रूरी हरदम हो
चिलमन[1] के पीछे राज़ कोई — 1. पर्दा

इक शज़र[2] चाहिये शाम ढले — 2. पेड़
चिड़या हो या हो बाज़ कोई

हैं हिज्र में भी हम खुश्क-चश्म[3] — 3. सूखी आँख
अश्कों का हो आग़ाज़ कोई

लब हुये आख़िरश बेज़ुम्बिश[4] — 4. बिना हरकत
देता कब तक आवाज़ कोई

किस्मत में किसी के है क़ुर्बत[5] — 5. नज़दीकी
है दीद[6] का भी मोहताज़ कोई — 6. दर्शन

ख़ुद दर्द-ज़ख़्म सब अता[7] किये — 7. प्रदान करना
था ऐसा चारासाज़[8] कोई — 8. चिकित्सक

कुछ ज़द्दोज़हद[9], कुछ मुस्तकबिल[10] — 9. संघर्ष
है रंक[11] कोई, सरताज़ कोई — 10. भाग्य
11. गरीब

हैं हर्फ़[12] वही, लेकिन इनसे — 12. शब्द
राज़ी कोई, नाराज़ कोई

तो ख़्वाब देखना छोड़ दे क्या
ग़र तंगहाल[13] है आज कोई — 13. गरीब

नेमत[14] का करते ही शुकराना — 14. कृपा
हम पर गिरती है गाज[15] कोई — 15. विपत्ति

हम-तुम हों, ठहरे लम्हे हों
हो सरगोशी[16] सा साज़ कोई — 16. कान में फुसफुसाना

अब उसकी ज़ुबानी किस्सा सुनो
कल तक तो था हमराज़[17] कोई — 17. राज़दार

अब ज़र्फ[18] आप भी अज़मायें — 18. साहस
आ करके गये जाँबाज़ कई

120

दूर से भी ना पुकारा कीजिये
गर्दिशों में हूँ किनारा कीजिये

इश्क के दरिया में डूबे कोई ग़र
डूबते को ना उबारा कीजिये

पेश करिये फिर रफ़ाक़त[1] की मिसाल
फिर अदावत[2] पारा-पारा[3] कीजिये

है किताबी इल्म[4] कम तो क्या हुआ
तज़ुर्बे से ही गुज़ारा कीजिये

टूटने पे जिसके सब माँगे दुआ
हमको वो गिरता सितारा कीजिये

कातिलाना हैं ये गेसुओं के ख़म[5]
गेसुओं को ना सँवारा कीजिये

हैं निगाहे-नाज़[6] के सब मुंतजिर[7]
आप तो बस इक इशारा कीजिये

हिज्र[8] से हम हैं ज़रा उकता गये
फ़िर हमें उल्फ़त का मारा कीजिये

1. भाईचारा
2. दुश्मनी
3. टुकड़े-टुकड़े
4. ज्ञान
5. टेढ़ापन
6. प्यार भरी निगाह
7. प्रतीक्षारत
8. विरह

121

फिर से है शाम सिन्दूरी क्या
है शम्स[1] की ये मज़बूरी क्या 1. सूरज

तू है उदास बेज़ार तभी
महफ़िल में है बेनूरी क्या

भरता है चौकड़ी सरे-दश्त
ढूँढे ग़ज़ाल[2] कस्तूरी क्या 2. हिरन

सब हिज़्र पे फ़िकरे[3] कसते हैं 3. तंज़
मातम है ग़ैर-ज़रूरी क्या

जब रहबर[4] कोई तारा हो 4. मार्गदर्शक
फिर सहराओं में दूरी क्या

ग़र ख़्वाब भोर[5] में देखो तो 5. अलसुबह
होती है ख़्वाहिश पूरी क्या

नातवाँ[6] हो तो, सहना ही है 6. कमज़ोर
सहने में ज़ुल्म सबूरी[7] क्या 7. धैर्य

122

इतना हम भी कमाल रखते हैं
अपना जीना मुहाल रखते हैं

नहीं कोई पुर्सिश-ए-हाल[1] मेरा
हम भी किसका ख़याल रखते हैं

सिरफिरा लोगों को कैसे न कहें
लोग शौक-ए-जवाल[2] रखते हैं

हाँ यहाँ उतनी तारीकी[3] तो नहीं
एहतियातन मशाल रखते हैं

कहीं मिल जाये ना बेरंग शफ़क[4]
सो जेबों में गुलाल रखते हैं

भाई कहने को यकजाई[5] हैं मगर
दरमियाँ इक दिवाल रखते हैं

इनको उल्फ़त से जब नहीं निस्बत[6]
इतना क्यों गुल जमाल[7] रखते हैं

नमी अश्कों में कहाँ पहले सी
आदतन ही रूमाल रखते है

1. हाल पूछने वाला
2. बर्बाद होने का शौक
3. अंधेरा
4. शाम की लालिमा
5. इकट्ठे
6. सम्बन्ध
7. सुंदरता